Prolegômenos a
uma Teoria da Linguagem

Coleção Estudos
Dirigida por J. Guinsburg

Equipe de realização – Tradução: J. Teixeira Coelho Netto; Revisão: Mary Amazonas
Leite de Barros; Produção: Ricardo W. Neves, Sergio Kon.

Louis Hjelmslev

PROLEGÔMENOS A UMA TEORIA DA LINGUAGEM

 PERSPECTIVA

Título do original em inglês
Prolegomena to a Theory of language

© 1961 by the Regents of the University of Wisconsin

Dados Internacionais de Catalogação na Publicação (CIP)
(Câmara Brasileira do Livro, SP, Brasil)

Hjelmslev, Louis, 1899-1965.
Prolegômenos a uma teoria da linguagem / Louis
Hjelmslev ; [tradução J. Teixeira Coelho Netto].
— São Paulo : Perspectiva, 2013. —
(Estudos ; 43 / dirigida por J. Guinsburg)

Título em inglês: Prolegomena to a theory of
language
3ª reimpr. da 2 ed. de 2003
Bibliografia.
ISBN 978-85-273-0686-7

1. Linguagem e línguas 2. Linguística
I. Guinsburg, J. II. Título. III. Série.

06-3096   CDD-401

Índices para catálogo sistemático:
1. Linguagem : Teoria 401

2ª edição – 3ª reimpressão
[PPD]

Direitos em língua portuguesa reservados à
EDITORA PERSPECTIVA LTDA.
Av. Brigadeiro Luís Antônio, 3025
01401-000 – São Paulo – SP – Brasil
Telefax: (0--11) 3885-8388
www.editoraperspectiva.com.br
2019

Sumário

	Prefácio	VII
1.	Estudo da Linguagem e Teoria da Linguagem	1
2.	Teoria da Linguagem e Humanismo	7
3.	Teoria da Linguagem e Empirismo	11
4.	Teoria da Linguagem e Indução	13
5.	Teoria da Linguagem e Realidade	15
6.	Objetivo da Teoria da Linguagem	19
7.	Perspectivas da Teoria da Linguagem	23
8.	O Sistema de Definições	25
9.	Princípio da Análise	27
10.	Forma da Análise	33
11.	Funções	39
12.	Signos e Figuras	47
13.	Expressão e Conteúdo	53
14.	Invariantes e Variantes	65
15.	Esquema e Uso Lingüísticos	79
16.	Variantes no Esquema Lingüístico	85
17.	Função e Soma	89
18.	Sincretismo	93
19.	Catálise	99

20. Grandezas da Análise 103
21. Linguagem e Não-Linguagem 109
22. Semióticas Conotativas de Metassemióticas 121
23. Perspectiva Final 131
    Registro Alfabético dos Termos Definidos 135
    Definições 137
    Índice Geral 143

Prefácio

A edição brasileira dos *Prolegômenos a uma teoria da linguagem* representa, no campo da Ciência em geral e no dos estudos lingüísticos, em particular, um empreendimento de alta relevância. Além do caráter revolucionário contido no seu corpo de doutrina, essa obra é, talvez, o melhor exemplo de que possamos dispor, a esta altura do século XX, de uma sistematização científica cujo rigor atinge as raízes do poético. Daí a oportunidade da presente tradução, no momento em que começam a surgir — nem sempre muito bem orientados — trabalhos de maior fôlego dentro desse domínio no país. Não importa que, na opinião de muitos, a tradução venha com atraso; o que importa é que ela se publica neste momento em que se faz mais necessária.

Jamais será suficientemente salientada a complexidade dos *Prolegômenos*. A presente tradução não implica, pois, uma vulgarização das idéias de Hjelmslev junto a um grande público, mas possibilita aos especialistas e aos estudantes universitários da área de Ciências Humanas estabelecer um debate mais amplo em torno dos princípios fundamentais da Glossemática.

O criador dessa teoria lingüística, Louis Hjelmslev, nasceu em 1899 na cidade de Copenhague em cuja universidade realizou estudos de Filologia Comparativa, vindo, posteriormente, a aperfeiçoar seus conhecimentos lingüísticos em diversas universidades européias. Em 1931 fundou o Círculo Lingüístico de Copenhague e em 1939,

VIII PROLEGÔMENOS A UMA TEORIA DA LINGUAGEM

com a colaboração de Viggo Brøndal, criou as *Acta Linguistica* (*AL*), órgão em que publicou vários artigos e editoriais. Nos seus primeiros trabalhos é marcante a influência dos formalistas russos, de Sapir e, sobretudo, de Saussure, inspirador primeiro de algumas das idéias centrais da Glossemática, teoria que, junto com Uldall, já vinha desenvolvendo desde 1931. Os resultados desse trabalho aparecem em 1943 na obra *Omkring sprogteoriens grundlaeggelse,* que agora surge em português com o título de *Prolegômenos a uma teoria da linguagem.* Em 1937, Hjelmslev assume as funções de titular da Cadeira de Lingüística Comparada da Universidade de Copenhague e nessa mesma cidade veio a falecer em 1965.

A bibliografia das publicações de Hjelmslev pode ser datada a partir de 1922. Ela demonstra que seu Autor possuía uma gama de preocupações extremamente variada, como se comprova em numerosos artigos e ensaios publicados no decorrer de trinta e seis anos. Mas a sua contribuição principal para a constituição da moderna ciência semiótica se deve aos *Prolegômenos,* cuja leitura convém seja complementada com a coletânea de ensaios que o próprio Hjelmslev organizou, dando-lhe o título de *Ensaios Lingüísticos.*

A Glossemática, na medida em que a língua é concebida como uma combinatória, atribui, como acertadamente reconhece Oswald Ducrot, um valor central a certas propriedades formais das relações que constituem essa combinatória. Tal pressuposto levou Hjelmslev ao entendimento da Lingüística como uma espécie de álgebra, dentro da qual contam, para a definição de estrutura, as relações formais entre os elementos e não a materialidade dos elementos relacionados. A concordância desse postulado com a afirmação saussuriana de que "a língua é uma forma, não uma substância", não é casual; pode-se mesmo definir a Glossemática, de modo generalizante, como uma reformulação coerentizadora das principais dicotomias da teoria lingüística elaborada por Saussure. Um exemplo frisante disso é dado pela reelaboração que Hjelmslev faz do modelo do signo proposto por Saussure, ao explicitar os planos do significante e do significado em quatro estratos, dois de substância e dois de forma. Na Glossemática, o signo se institui como uma função contraída entre dois funtivos formais, o do plano da expressão e o do plano do conteúdo. Desse ponto de vista, as unidades da língua não são nem os sons nem os significados, que são em si meras substâncias extralingüísticas, mas, sim, os *relata* que os formalizam semioticamente. Tal concepção é a melhor demonstração do acerto da intuição

PREFÁCIO IX

saussuriana acerca da natureza da língua como uma forma, não uma substância; Hjelmslev se encarregou de levar até as últimas conseqüências esse postulado básico, responsável, sem dúvida, pela rigorosa organicidade da sua doutrina. A reformulação glossemática, porém, não se fez sem conseqüências já que ela culminou num modelo de língua que se afasta num ponto crucial do modelo saussuriano. Assim, enquanto para Saussure, a *langue* era um *sistema de signos*, para Hjelmslev, a língua é um *sistema de figuras* (não-signos), que, ao se combinarem, produzem signos.

Disso tudo decorrem duas conseqüências básicas: de um lado, o estudo das relações que instauram essa combinatória se transforma no próprio objeto imediato da Lingüística; de outro, essa visão funcional inclui a existência de mecanismos subjacentes dinâmicos. No estruturalismo clássico, cujo mentor é o autor do *Curso de Lingüística Geral*, o modelo do signo pode gerar, como de fato tem gerado, a noção errônea do signo como uma entidade fechada, pré-construída, e estática. O modelo glossemático, em contraposição, concebe essa entidade como uma *unidade de configuração;* em virtude disso, a forma do conteúdo de um signo é indiferente às dimensões do plano da expressão que o manifesta. É verdade que esse mesmo entendimento básico do signo era o de Saussure tal como se pode ver nos papéis ultimamente publicados, principalmente os que giram em torno do problema dos anagramas; mas é verdade, também, que, ao que saibamos, semelhantes idéias são o fruto de uma meditação sobre textos, sintomaticamente poéticos, levada a cabo no espaço de vários anos, não se podendo afirmar com exatidão que elas estivessem suficientemente amadurecidas à época da gestação do *Curso de Lingüística Geral*. À medida que se tornem melhor conhecidos os inéditos dispersos de Saussure, estamos firmemente convencidos de que acabará por se impor a necessidade de revisão da imagem de um Saussure pioneiro da lingüística frasal para que se reconheça, nele, ao lado e além disso, a imagem de um Saussure pioneiro da lingüística transfrasal — essa tão falada quão mal compreendida lingüística textual de nossos dias, cujos fundamentos repousam precisamente nessa dinamicidade inerente à noção das relações funcionais assentadas pela Glossemática.

O particular interesse que o estudo do texto, como nível lingüístico superior à frase, suscita em nossos dias estriba no *modelo relacional do signo* formulado pela Glossemática, mas não na direção do *modelo do signo semântico* — já intuído pelos formalistas russos ao estudar a linguagem literária e a linguagem cinematográfica. Ao conceber o *sentido* como substância semântica, a Glossemática descartava, na

X PROLEGÔMENOS A UMA TEORIA DA LINGUAGEM

primeira etapa da sua formalização, representada pelos *Prolegômenos,* a possibilidade da construção de um modelo do signo semântico, que só se insinuará em estudos posteriores do mesmo Hjelmslev, numa etapa em que ele se dá conta de que a substância pode ser incluída no âmbito da Lingüística como algo semioticamente formalizável. Nesse instante, precisamente, nasce a reivindicação de uma semântica estrutural, reivindicação essa que constitui o título de um de seus mais notáveis ensaios "Pour une sémantique structurale", de 1957.

A esta altura do século pode-se aquilatar melhor da importância dos *Prolegômenos,* de Hjelmslev, quando o focalizamos, assim, na sua condição de mediador entre o pioneirismo genial de Saussure e o estruturalismo vanguardista de Greimas; os três formam como que uma tradição pautada em referências mútuas.

São Paulo, maio de 1975, ano do décimo aniversário da morte de Louis Hjelmslev.

Eduardo Peñuela Cañizal
Edward Lopes

1. Estudo da Linguagem e Teoria da Linguagem

A linguagem — a fala humana — é uma inesgotável riqueza de múltiplos valores. A linguagem é inseparável do homem e segue-o em todos os seus atos. A linguagem é o instrumento graças ao qual o homem modela seu pensamento, seus sentimentos, suas emoções, seus esforços, sua vontade e seus atos, o instrumento graças ao qual ele influencia e é influenciado, a base última e mais profunda da sociedade humana. Mas é também o recurso último e indispensável do homem, seu refúgio nas horas solitárias em que o espírito luta com a existência, e quando o conflito se resolve no monólogo do poeta e na meditação do pensador. Antes mesmo do primeiro despertar de nossa consciência, as palavras já ressoavam à nossa volta, prontas para envolver os primeiros germes frágeis de nosso pensamento e a nos acompanhar inseparavelmente através da vida, desde as mais humildes ocupações da vida quotidiana aos momentos mais sublimes e mais íntimos dos quais a vida de todos os dias retira, graças às lembranças encarnadas pela linguagem, força e calor. A linguagem não é um simples acompanhante, mas sim um fio profundamente tecido na trama do pensamento; para o indivíduo, ela é o tesouro da memória e a consciência vigilante transmitida de pai para filho. Para o bem e para o mal, a fala é a marca da personalidade, da terra natal e da nação, o título de nobreza da humanidade. O desenvolvimento da linguagem está tão inextricavelmente ligado ao da personalidade de cada indivíduo, da terra natal, da nação, da humanidade, da própria vida, que é possível indagar-se se ela não passa de um simples reflexo ou se ela não *é* tudo isso: a própria fonte do desenvolvimento dessas coisas.

É por isso que a linguagem cativou o homem enquanto objeto de deslumbramento e de descrição, na poesia e na ciência. A ciência foi levada a ver na linguagem seqüências de sons e de movimentos expressivos, suscetíveis de uma descrição exata, física e fisiológica, e cuja disposição forma signos que traduzem os fatos da consciência. Procurou-se, através de interpretações psicológicas e lógicas, reconhecer nesses signos as flutuações da psique e a constância do pensamento: as primeiras na evolução e na vida caprichosa da língua; a segunda, em seus próprios signos, dentre os quais distinguiu-se a palavra e a frase, imagens concretas do conceito e do juízo. A linguagem, como sistema de signos, devia fornecer a chave do sistema conceitual e a da natureza psíquica do homem. A linguagem, como instituição social supra-individual, devia contribuir para a caracterização da nação; a linguagem, com suas flutuações e sua evolução, devia abrir caminho ao conhecimento do estilo da personalidade e ao conhecimento das longínquas vicissitudes das gerações desaparecidas. A linguagem ganhava assim uma posição-chave que iria abrir perspectivas em muitas direções.

Assim considerada, e mesmo quando é objeto da ciência, a linguagem deixa de ser um fim em si mesma e torna-se um meio: meio de um conhecimento cujo objeto principal reside fora da própria linguagem, ainda que seja o único caminho para chegar até esse conhecimento, e que se inspira em fatos estranhos a este. Ela se torna, então, o meio de um conhecimento transcendental — no sentido próprio, etimológico do termo — e não o fim de um conhecimento imanente. É assim que a descrição física e fisiológica dos sons da linguagem corre o risco de cair no físico e no fisiológico puros, e que a descrição psicológica e lógica dos signos — isto é, das palavras e das frases — reduz-se facilmente a uma psicologia, uma lógica e uma ontologia puras, perdendo de vista, com isso, seu ponto de partida lingüístico. A história o confirma. E ainda que não fosse esse o caso, os fenômenos físicos, fisiológicos, psicológicos e lógicos enquanto tais não constituem a própria linguagem, mas sim apenas aspectos a ela exteriores, fragmentários, escolhidos como objetos de estudo não tanto porque interessam à linguagem quanto porque abrem domínios aos quais esta permite chegar. Encontra-se a mesma atitude quando, baseando-se em tais descrições, a pesquisa lingüística atribui-se como objeto a compreensão da sociedade humana e a reconstituição das relações pré-históricas entre povos e nações.

Isto é dito não para diminuir o valor de tais pontos de vista nem de tais empreendimentos, mas sim com o objetivo de chamar a atenção para um perigo, o perigo que consiste em apressar-se demasiado na direção do objetivo fixado pela pesquisa e, com isso, negligenciar a própria linguagem, que é o meio de atingir esse objetivo. Na realidade, o perigo reside no fato de que a linguagem *quer* ser ignorada: é seu destino natural o de ser um meio e não um fim, e é só artificialmente que a pesquisa pode ser dirigida para o próprio meio do conhecimento. Isso é válido na vida quotidiana, onde normalmente a linguagem não atravessa o umbral da consciência; mas isto é igualmente verdadeiro na pesquisa científica. Há já algum tempo se compreendeu que, ao lado da filologia, que deseja encontrar no estudo da língua e dos textos o meio de atingir uma consciência literária e histórica, há lugar para uma lingüística que se constitua no próprio objetivo desse estudo. Mas, do projeto à sua realização o caminho era bem longo. Mais uma vez, a linguagem deveria desapontar seus admiradores científicos, pois a história e a comparação genética das línguas, que se tornaram o objeto essencial da lingüística tradicional, não se atribuíam nem por objetivo nem por resultado o conhecimento da natureza da linguagem, a qual não passava de um meio para chegar-se ao estudo das sociedades e ao estudo dos contatos entre os povos nas épocas histórica e pré-histórica. Mas, aqui também o que se tem é filologia. Sem dúvida acredita-se, quando se trata da técnica interna de comparação das línguas, estar lidando com a própria língua, mas isto é ilusão. Não é a própria língua, mas seus *disiecta membra,* que não permitem apreender a totalidade que é a língua; um tal método alcança as contribuições físicas e fisiológicas, psicológicas e lógicas, sociológicas e históricas da língua, mas não a própria língua.

A fim de construir uma lingüística deve-se proceder de outro modo. Esta não deve ser nem uma simples ciência auxiliar, nem uma ciência derivada. Essa lingüística deve procurar apreender a linguagem não como um conglomerado de fatos não lingüísticos (físicos, fisiológicos, psicológicos, lógicos, sociológicos), mas sim como um todo que se basta a si mesmo, uma estrutura *sui generis.* É só deste modo que a língua enquanto tal poderá ser submetida a um tratamento científico e deixar de nos mistificar ao escapar a nossa observação.

A importância deste modo de proceder será avaliada a longo prazo nas repercussões que obtiver sobre os diversos pontos de vista transcendentais, sobre as filologias e sobre a assim chamada lingüística tradicional. Os resultados desta nova lingüística permitiriam, entre outros, estabelecer uma base homogênea de comparação das línguas ao fazer desaparecer o particularismo na criação dos conceitos (particularismo este que é o principal escolho da filologia) e apenas esta base é que tornará possível uma lingüística genética racional. Quer se identifique a estrutura da linguagem com a da existência ou que se veja nela apenas um reflexo desta, mais ou menos deformado, a curto prazo é através de sua contribuição à epistemologia geral que a lingüística revelará, de modo inconteste, sua importância.

O trabalho preliminar de uma tal lingüística consiste em construir uma teoria da linguagem que formule e descubra as premissas dessa linguagem, que indique seus métodos e fixe seus caminhos.

O presente estudo constitui os prolegômenos de uma tal teoria.

O estudo da linguagem, com seus objetivos múltiplos e essencialmente transcendentais, tem muitos adeptos. A teoria da linguagem que se quer exclusivamente imanente, pelo contrário, quase não os tem. A respeito desta colocação, não se deve confundir teoria da linguagem com filosofia da linguagem. Como qualquer outra disciplina científica, o estudo da linguagem conheceu, no decorrer de sua história, tentativas filosóficas que procuravam justificar seus métodos de pesquisa; o interesse atribuído, nestes últimos anos, aos fundamentos da ciência é tal que certas escolas de lingüística transcendental acreditam mesmo ter encontrado os sistemas de axiomas sobre os quais se baseia esse estudo [1]. Todavia, é extremamente raro que essas especulações da filosofia da linguagem atinjam uma tal precisão e que sejam efetuadas numa escala ampla, de modo sistemático, por pesquisadores que tenham um conhecimento suficiente da lingüística e da epistemologia. Na maior parte do tempo, tais especulações são subjetivas, e é por isso que nenhuma delas, salvo talvez quando de uma moda passageira, conseguiu reunir à sua volta um grande número de defensores. Portanto, é impossível traçar o desenvolvimento da teoria da linguagem e escrever sua história: falta-lhe a continuidade. Por causa disso, todo esforço no sentido de formular uma teoria da linguagem viu-se desacreditado e considerado como uma vã filosofia, um diletantismo matizado de apriorismo. Essa condenação, aliás, parece justificada pois, nesse domínio, diletantismo e apriorismo têm prevalecido a tal ponto que é muitas vezes difícil, do exterior, distinguir o verdadeiro do falso. O presente

---

1. BLOOMFIELD, Leonard. "A set of postulates for the science of language" (*Language* II, 1926, pp. 153-164). BÜHLER, Karl. *Sprachtheorie*, Iena, 1934. *Idem*, "Die Axiomatik der Sprachwissenchaften" (*Kantstudien* XXXVIII, 1933, pp. 19-90).

estudo gostaria de contribuir para que se reconhecesse que tais características não são necessariamente inerentes a toda tentativa de lançar as bases de uma teoria da linguagem. Será mais fácil chegar a ela se houver um esforço por esquecer o passado e de fazer *tabula rasa* de tudo aquilo que nada forneceu de positivo e que pudesse ser utilizado. Em grande parte nos apoiaremos no material recolhido pela pesquisa lingüística anterior, material este que, reinterpretado, constituirá o essencial da teoria da linguagem. Aderimos explicitamente ao passado em certos pontos a respeito dos quais sabemos que outros conseguiram resultados positivos antes de nós. Um único teórico merece ser citado como pioneiro indiscutível: o suíço Ferdinand de Saussure [2].

Um trabalho muito importante, preparatório da teoria da linguagem aqui exposta, foi realizado em colaboração com alguns membros do Círculo Lingüístico de Copenhague, particularmente com H. J. Uldall, entre 1934 e 1939. Algumas discussões na Sociedade de Filosofia e de Psicologia de Copenhague, bem como muitas trocas de pontos de vista com Jørgen Jørgensen e Edgar Tranekjaer Rasmussen, foram-nos extremamente preciosas no desenvolvimento de nossa teoria. No entanto, o autor declara-se o único responsável por esta obra.

---

2. SAUSSURE, Ferdinand de. *Cours de linguistique générale*. Paris, Ch. Bally & Alb. Sechehaye, 1916; 2. ed. 1922, 3. ed. 1931, 1949.

2. Teoria da Linguagem e Humanismo

Uma teoria que procura a estrutura específica da linguagem com a ajuda de um sistema de premissas exclusivamente formais deve necessariamente, ao mesmo tempo em que leva em conta as flutuações e as mudanças da fala, recusar atribuir a tais mudanças um papel preponderante; deve procurar uma *constância* que não esteja enraizada numa "realidade" extralingüística; uma constância que faça com que toda língua seja linguagem, seja qual for a língua, e que uma determinada língua permaneça idêntica a si mesma através de suas manifestações mais diversas; uma constância que, uma vez encontrada e descrita, se deixe projetar sobre a "realidade" ambiente seja qual for a natureza desta (física, fisiológica, psicológica, lógica, ontológica) de modo que esta "realidade" se ordene ao redor do centro de referência que é a linguagem, não mais como um conglomerado, mas sim, como um todo organizado que tem a estrutura lingüística como princípio dominante.

A procura de uma tal constância concêntrica e global se chocará inevitavelmente com uma certa tradição humanista que, sob diversas formas, até agora predominou na lingüística. Em sua forma extremada, esta tradição nega *a priori* a existência da constância e a legitimidade e sua procura. Esta tradição quer que os fenômenos humanos, contrariamente aos fenômenos da natureza, sejam singulares, individuais, não podendo portanto nem ser submetidos, como os da natureza, a métodos exatos, nem ser generalizados. Por conseguinte, um outro método deveria ser aplicado ao

8 PROLEGÔMENOS A UMA TEORIA DA LINGUAGEM

domínio das disciplinas humanas; só se poderia utilizar a descrição, o que seria aproximar-se mais da poesia do que da ciência, e, de qualquer forma, seria necessário limitar-se a uma apresentação discursiva dos fenômenos sem nunca os interpretar de modo sistemático. Esta tese foi erigida em doutrina no domínio da *história*, e parece ser a base da história em sua forma tradicional. Do mesmo modo a literatura e as artes, domínios eminentemente humanistas, só produziram descrições diacrônicas e na maior parte do tempo subtraíram-se à análise sistemática. Em certos domínios, é verdade, pode-se distinguir uma tendência para a sistematização; mas tanto a história quanto as ciências humanas em seu conjunto parecem estar ainda longe de reconhecer a legitimidade e a possibilidade de um método científico.

Em todo caso, parece legítimo propor *a priori* a hipótese de que a todo *processo* corresponde um *sistema* que permite analisá-lo e descrevê-lo através de um número restrito de premissas. Deve ser possível considerar todo processo como composto por um número limitado de elementos que constantemente reaparecem em novas combinações. Baseando-se na análise do processo, deveria ser possível reagrupar esses elementos em classes, sendo cada classe definida pela homogeneidade de suas possibilidades combinatórias, e a partir dessa classificação preliminar deveria ser igualmente possível estabelecer um cálculo geral exaustivo das combinações possíveis. Assim entendida, a história superaria o estádio primitivo da simples descrição e se constituiria em ciência sistemática, exata, generalizadora: sua teoria permitiria predizer todos os eventos possíveis (isto é, todas as combinações possíveis de elementos) e as condições de realização de tais eventos.

Parece incontestável que enquanto as ciências humanas não assumirem uma tal teoria como hipótese de trabalho negligenciarão a mais importante de suas tarefas, que é a de procurar constituir o humanismo em objeto de ciência. Deveria ser compreendido que se deve, na descrição dos fenômenos humanos, escolher entre poética e ciência; ou, melhor, entre apenas o tratamento poético de um lado e, do outro, a atitude poética e a atitude científica compreendidas como duas formas coordenadas de descrição; deveria ser entendido também que, nesse ponto, a escolha depende de uma verificação da tese sobre a existência do sistema que subentende o processo.

A priori, a linguagem parece ser um domínio no qual a verificação dessa tese poderia dar resultados positivos. Uma descrição puramente discursiva dos eventos lingüísticos tem poucas possibilidades de despertar grande interesse; e deste modo sempre se sentiu a necessidade de um ponto de vista suplementar e sistematizador: com efeito, através do processo tal como ele se realiza no texto, procura-se um sistema fonológico, um sistema semântico e um sistema gramatical. Mas a lingüística, cultivada até agora pelos filólogos humanistas que se determinam objetivos transcendentais e que repudiam qualquer sistemática, nem explicitou as premissas nem procurou um princípio homogêneo de análise, e com isto a lingüística permaneceu imprecisa e subjetiva, submetida pela estética e pela metafísica, para não mencionar os inúmeros casos em que ela se entrincheirou numa simples descrição anedótica.

O objetivo da teoria da linguagem é verificar a tese da existência de um sistema subjacente ao processo, e a tese de uma constância que subentende as flutuações, e aplicar esse sistema a um objeto que parece prestar-se a isso de modo particular. Os argumentos que se poderiam adiantar contra semelhante tentativa do domínio do humano, invocando que a vida espiritual do homem e os fenômenos que a constituem não poderiam ser objeto de uma análise científica sem que se mate essa vida e que, por conseguinte, o próprio objeto da análise se subtraia à observação, são apenas argumentos aprioristicos que não podem desviar a ciência de seu empreendimento. Se este fracassar — não no detalhe de sua execução, mas em seu próprio princípio — as objeções humanistas serão então legítimas, e os objetos humanos daí por diante só poderão ser submetidos a um tratamento subjetivo e estético. Em compensação, se essa experiência for bem sucedida, de modo que seu princípio se mostre aplicável, as objeções cairão por si mesmas, e tentativas análogas deverão ser então efetuadas em outras ciências humanas.

3. Teoria da Linguagem e Empirismo

Uma teoria, para ser a mais simples possível, só deve elaborar a partir das premissas que sejam necessariamente exigidas por seu objeto. Além do mais, para permanecer fiel a seu objetivo, ela deve, em suas aplicações, conduzir a resultados conformes aos "dados da experiência", reais ou que assim se presumam.

Essa é uma exigência metodológica com a qual toda teoria se vê confrontada, e cujo sentido cabe à epistemologia pesquisar. Não pretendemos, aqui, abordar esse problema. Cremos satisfazer as exigências acima esboçadas a respeito do assim chamado empirismo ao adotar esse princípio, que prima sobre todos os outros e pelo qual a teoria da linguagem já se distingue nitidamente de todos os empreendimentos da filosofia da linguagem:

A descrição deve ser não contraditória, exaustiva e tão simples quanto possível. A exigência da não contradição prevalece sobre a da descrição exaustiva, e a exigência da descrição exaustiva prevalece sobre a exigência de simplicidade.

Assumimos o risco de denominar esse princípio de *princípio do empirismo,* mas estamos preparados para abandonar esse termo se a epistemologia, examinando-o, considerá-lo impróprio. Trata-se apenas de uma questão de terminologia que não afeta em nada a manutenção do princípio.

4. Teoria da Linguagem e Indução

A asserção de nosso princípio do empirismo não nos torna, de modo algum, escravos do método indutivo, se se entender por isso a exigência de uma passagem gradual do particular para o geral, ou de um objeto limitado para outro que o seja menos. Encontramo-nos novamente diante de termos cuja análise e determinação cabem à epistemologia, mas que, mais tarde, teremos ocasião de utilizar num sentido mais preciso do que aquele que aqui lhes podemos atribuir. Há, ainda aqui, um problema terminológico que teremos de resolver com a colaboração da epistemologia. Mas, por enquanto, trata-se apenas de determinar nossa posição frente à lingüística anterior. Esta se caracteriza tipicamente pela elaboração de uma hierarquia de conceitos que vai dos sons particulares ao fonema (classe de sons), dos fonemas particulares às categorias de fonemas, dos diversos sentidos à significação geral ou fundamental e, enfim, às categorias de significações. Tem-se o hábito, na lingüística, de neste caso falar em *indução*. É possível defini-la em poucas palavras como a passagem do componente para a classe e não da classe para o componente. É um movimento que sintetiza ao invés de analisar, que generaliza ao invés de especificar.

A experiência põe em evidência os inconvenientes de um tal método. Este conduz inevitavelmente à extração de conceitos hipostasiados como sendo reais. Esse realismo (no sentido medieval do termo) não fornece uma base utilizável para a comparação, dado que os conceitos assim obtidos não têm valor geral e só se aplicam a um determinado estágio de uma dada língua. A terminologia tradicional completa mostra o fracasso desse realismo: as classificações da gramática indutiva, tais como "genitivo", "perfeito", "subjuntivo", "passivo" etc., são exemplos notáveis desse fato. Nenhum desses termos, em sua acepção corrente, é suscetível de uma definição geral. Genitivo, perfeito, subjuntivo e passivo abarcam fenômenos inteiramente diferentes em duas línguas como, por exemplo, o latim e o grego. Todos os conceitos da lingüística tradicional, sem exceção alguma, estão neste mesmo caso. A indução, neste campo, não leva das flutuações à constância, mas apenas das flutuações ao acidental. Em última análise, o método indutivo entra em conflito com o princípio de empirismo que formulamos: ele não permite que se realize uma descrição não contraditória e simples.

Se se pretende partir dos dados supostos da experiência, é exatamente o procedimento inverso que se impõe. Se é possível falar em dados (colocamos essa frase no condicional por razões epistemológicas), esses dados são, para o lingüista, o *texto* em sua totalidade absoluta e não analisada. O único procedimento possível para isolar o sistema que esse texto subentende é uma análise que considera o texto como uma classe analisável em componentes; estes componentes são, por sua vez, considerados como classes analisáveis em componentes, e assim por diante até a exaustão das possibilidades de análise. É possível definir rapidamente esse procedimento como sendo uma passagem da classe ao componente, e não como no procedimento contrário. É um movimento que analisa e especifica e não um movimento que sintetiza e generaliza, o contrário do empreendimento indutivo tal como o conhece a lingüística tradicional. A lingüística contemporânea, que ilustra essa oposição, designou esse procedimento, e outros que lhe são mais ou menos análogos, com o termo *dedução*. Sabe-se, por experiência, que esse termo choca os epistemólogos, mas mesmo assim o conservamos na esperança de provar, posteriormente, que esta contradição terminológica nada tem de insuperável.

5. Teoria da Linguagem e Realidade

Com a terminologia que escolhemos pudemos caracterizar o método da teoria da linguagem como sendo necessariamente empírico e dedutivo, e desse modo pudemos lançar luz sobre a questão fundamental das relações entre a teoria da linguagem e aquilo a que se denomina "os dados da experiência". No entanto, resta ainda esclarecer esta mesma questão a partir de um outro ponto de vista, isto é, resta procurar o sentido unilateral ou recíproco das influências possíveis entre a teoria e seu objeto (ou seus objetos). Formulando o problema de um modo simplista, tendencioso e voluntariamente ingênuo: é o objeto que determina e afeta a teoria ou é a teoria que determina e afeta seu objeto?

Mais uma vez temos de recusar o problema puramente epistemológico em seu conjunto; ater-nos-emos aqui ao único aspecto sob o qual ele se nos coloca. Sabemos muito bem que o termo *teoria,* mal empregado e desacreditado, pode ser compreendido de diversas maneiras. Entre outras coisas, pode designar um sistema de hipóteses. Neste sentido, freqüentemente utilizado em nossos dias, é fora de dúvida que a relação de influência entre a teoria e seu objeto é unilateral: é o objeto que afeta e determina a teoria, e não o inverso. A hipótese, depois de confrontada com o objeto, pode revelar-se verdadeira ou falsa. Já deveria ser evidente que, de nossa parte, empregamos o termo *teoria* num sentido diferente. Dois fatores têm, aqui, igual importância:

16 PROLEGÔMENOS A UMA TEORIA DA LINGUAGEM

1. A teoria, em si mesma, não depende da experiência. Em si mesma, nada há que indica que terá ou não aplicações relacionadas com os dados da experiência. Em si mesma, ela não implica nenhum postulado de existência. Ela constitui aquilo que se denominou de sistema dedutivo puro, no sentido em que é a teoria, e ela apenas, que, a partir das premissas por ela enunciadas, permite o cálculo das possibilidades que resultam destas premissas.

2. O teórico sabe, por experiência, que certas premissas enunciadas na teoria preenchem as condições necessárias para que esta se aplique a certos dados da experiência. Estas premissas são tão gerais quanto possível e podem ser, assim, aplicáveis a um grande número de dados da experiência.

A fim de caracterizar estes dois fatores, diremos que a teoria, no primeiro caso, é *arbitrária,* e no segundo, *adequada* (ou conforme a seu objetivo). Parece necessário incorporar estes dois fatores na elaboração de toda teoria. Todavia, daquilo que foi exposto décorre que os dados da experiência nunca podem confirmar ou contrariar a validade da própria teoria, mas sim, apenas, sua aplicabilidade.

A teoria permite que se deduzam teoremas que devem ter todos a forma da implicação (no sentido lógico desse termo) ou poder serem transpostos para uma forma condicional dessa relação. Um tal teorema enuncia simplesmente que, se uma condição for preenchida, pode-se concluir pela verdade da proposição. A aplicação da teoria mostrará se a condição é preenchida no caso considerado.

A teoria e os teoremas que dela são deduzidos permitem, por sua vez, elaborar hipóteses (entre as quais, as leis) cuja validade, contrariamente à da teoria, depende exclusivamente de sua verificação.

Os termos *axioma* e *postulado* não foram aqui mencionados. Deixamos para a epistemologia o trabalho de decidir se nossa teoria exige que proposições desse tipo estejam na base das premissas que explicitamente enunciamos. As premissas da teoria da linguagem remontam tão longe que tais axiomas pressupostos teriam uma tal generalidade que nenhum deles poderia ser específico à teoria da linguagem em oposição a outras teorias. É que nosso objetivo é justamente o de remontar tão longe quanto possível na direção dos princípios fundamentais, sem com isso ultrapassar aquilo que nos parece diretamente utilizável para a teoria da linguagem. Esta atitude nos obriga a invadir o domínio da epistemologia, tal como o fizemos nos parágrafos anteriores. Isto na convicção de que nenhuma teoria científica pode ser elaborada sem uma colaboração ativa com a epistemologia.

A teoria da linguagem, portanto, define assim soberanamente seu objeto ao estabelecer suas premissas através de um procedimento simultaneamente arbitrário e adequado. A teoria consiste num cálculo cujas premissas são em número tão restrito e são tão gerais quanto possível e que, na medida em que tais premissas são específicas a tal teoria, não parecem ser de natureza axiomática. Este cálculo permite prever possibilidades, mas de modo algum se pronuncia a respeito da realização destas. Deste ponto de vista, se relacionarmos a teoria da linguagem com a realidade, a resposta à questão que consiste em saber se o objeto determina e afeta a teoria, ou se é o contrário, é dupla: em virtude de seu caráter arbitrário, a teoria é *a-realista;* em virtude de seu caráter adequado, ela é *realista* (atribuindo a este termo seu sentido moderno e não, como mais acima, seu sentido medieval).

6. Objetivo da Teoria da Linguagem

É possível dizer, portanto, que uma teoria — no sentido em que entendemos esse termo — tem por objetivo elaborar um procedimento por meio do qual se possa descrever, não contraditoriamente e exaustivamente, objetos dados de uma suposta natureza. Uma tal descrição permite aquilo que se tem por hábito denominar reconhecimento ou compreensão do objeto em questão; do mesmo modo podemos dizer, sem corrermos o risco de errar ou de sermos obscuros, que a teoria tem por objetivo indicar um método de reconhecimento ou de compreensão de um dado objeto. Deste modo, a teoria não pode limitar-se a dar-nos meios de reconhecer um determinado objeto; ela deve, além disso, ser concebida de modo a permitir a identificação de todos os objetos concebíveis da mesma suposta natureza que o objeto dado. Uma teoria deve ser geral, no sentido em que ela deve pôr à nossa disposição um instrumental que nos permita reconhecer não apenas um dado objeto ou objetos já submetidos a nossa experiência como também todos os objetos possíveis da mesma natureza suposta. Armamo-nos com a teoria para nos depararmos não apenas com todas as eventualidades já conhecidas, mas com qualquer eventualidade.

A teoria da linguagem se interessa pelo texto, e seu objetivo é indicar um procedimento que permita o reconhecimento de um dado texto por meio de uma descrição não contraditória e exaustiva do mesmo. Mas ela deve também mostrar como é possível, do mesmo modo, reconhecer qualquer outro texto da mesma natureza suposta, fornecendo-nos instrumentos utilizáveis para tais textos.

Exigimos da teoria da linguagem, por exemplo, que ela permita descrever não contraditoriamente e exaustivamente não apenas todos os textos dinamarqueses existentes como também todos os textos dinamarqueses possíveis e concebíveis — mesmo os textos de amanhã, mesmo aqueles que pertencem a um futuro não definido — na medida em que forem da mesma suposta natureza dos textos até aqui considerados. A teoria da linguagem satisfaz esta exigência ao basear-se nos textos dinamarqueses que existem; a extensão e a quantidade destes são tais que esta teoria, de fato, tem de contentar-se com uma seleção desses textos. Ora, graças a nossos instrumentos teóricos, essa simples seleção de textos permite constituir um fundo de conhecimentos que por sua vez poderá ser aplicado a outros textos. Estes conhecimentos dizem respeito, naturalmente, aos *processos* ou *textos* de que foram extraídos; mas não reside nesse ponto seu interesse único e essencial: tais conhecimentos dizem respeito também ao *sistema* ou *língua* a partir da qual se elabora a estrutura de todos os textos de uma mesma suposta natureza, e que nos permite construir novos textos. Graças aos conhecimentos lingüísticos assim obtidos, poderemos elaborar, para uma mesma língua, todos os textos concebíveis ou teoricamente possíveis.

Todavia, não basta que a teoria da linguagem permita descrever e elaborar todos os textos possíveis de uma dada língua; é necessário ainda que, sobre a base dos conhecimentos que a teoria da linguagem em geral contém, essa teoria possa fazer a mesma coisa em relação a todos os textos de qualquer outra língua. Ainda uma vez o teórico da linguagem só pode satisfazer essa exigência se tomar por ponto de partida uma seleção restrita de textos que pertencem a diferentes línguas. Percorrer todos os textos existentes é, naturalmente, humanamente impossível, e seria de resto inútil uma vez que a teoria também deve ser válida para textos que ainda não estão realizados. O lingüista, como qualquer outro teórico, deve portanto ter a precaução de prever todas as possibilidades concebíveis, incluindo-se aqui aqueles que são ainda desconhecidas e as que não estão realizadas. Deve admiti-las na teoria de tal modo que esta se aplique a textos e a línguas que ele ainda não encontrou, e dos quais talvez alguns nunca se realizem. Somente deste modo é que ele pode estabelecer uma teoria da linguagem cuja aplicabilidade seja certa.

Essa é a razão pela qual é necessário assegurar a aplicabilidade da teoria, e cada aplicação necessariamente a pressupõe. Mas é da maior importância não confundir a

OBJETIVO DA TEORIA DA LINGUAGEM

teoria com suas aplicações ou com o método prático de aplicação. A teoria conduzirá a um procedimento, mas um "procedimento de descoberta" (prático) não será exposto nesta obra que, em termos estritos, não apresenta a teoria sob uma forma sistemática, mas apenas seus prolegômenos.

Em virtude de sua adequação, a teoria da linguagem realiza um trabalho empírico; em virtude de seu caráter arbitrário, realiza um trabalho de cálculo. Baseando-se em certos fatos da experiência — necessariamente limitados, embora seja útil que sejam tão variados quanto possível — o teórico empreende, num campo preciso, o cálculo de todas as possibilidades. Ele baliza arbitrariamente esse campo isolando propriedades comuns a todos os objetos a respeito dos quais se está de acordo em denominá-los de línguas, a fim de, em seguida, generalizar essas propriedades e estabelecê-las por definição. A partir desse momento ele decidiu — de um modo arbitrário mas adequado — quais são os objetos aos quais a teoria pode ser aplicada e quais aqueles aos quais ele não o pode ser. Todos os objetos assim definidos são então submetidos a um cálculo geral que prevê todos os casos concebíveis. Esse cálculo, deduzido a partir da definição apresentada e independentemente de qualquer referência à experiência, fornece o instrumental que permite descrever ou reconhecer um dado texto e a língua sobre a qual ele está elaborado. A teoria da linguagem não pode ser nem verificada, nem confirmada, nem invalidada através do recurso aos textos e às línguas de que trata. Ela só admite um controle: a não-contradição e a exaustividade do cálculo.

Se o cálculo permite estabelecer diversos procedimentos possíveis que conduzem todos a uma descrição não contraditória e exaustiva de um texto e de uma língua quaisquer, deve-se escolher entre esses procedimentos aquele que permitir a descrição mais simples. Se vários procedimentos permitem descrições cujos resultados têm o mesmo grau de simplicidade, deve-se escolher aquele que toma o caminho mais simples. Chamaremos esse princípio, que é deduzido de nosso princípio de empirismo, de *princípio de simplicidade*.

É o único princípio que permite afirmar que tal solução não contraditória e exaustiva é correta e que tal outra não o é. É considerada correta aquela que melhor satisfaz o princípio de simplicidade.

Portanto, é possível decidir sobre o valor da teoria da linguagem e de suas aplicações verificando se o resultado obtido, na medida em que responde às exigências da não-contradição e da exaustividade, é ao mesmo tempo o mais simples possível.

Assim, é apenas em relação ao "princípio de empirismo" que ela enunciou que a teoria da linguagem deve ser julgada. Segue-se que é possível imaginar várias teorias da linguagem que se aproximam do ideal formulado nesse princípio. Apenas uma delas deve ser a teoria definitiva, e toda teoria da linguagem apresentada sob uma forma concreta aspira a ser exatamente isso. Ora, a teoria da linguagem, como disciplina, não se define por sua realização concreta; deste modo, é igualmente possível e desejável vê-la progredir através da elaboração de novas realizações concretas que se aproximam cada vez mais de seu princípio fundamental.

Nos prolegômenos à teoria, o que nos interessa é o lado realista desta teoria, a melhor maneira de satisfazer a exigência da aplicabilidade. Para isso, será necessário isolar os traços constitutivos de toda estrutura lingüística e examinar as conseqüências lógicas do estabelecimento destes em definições.

7. Perspectivas da Teoria da Linguagem

Evitando a atitude transcendental que prevaleceu até aqui, a teoria da linguagem procura um conhecimento imanente da língua enquanto estrutura específica que se baseia apenas em si mesmo (cf. Cap. 1). Procurando uma constância no próprio interior da língua e não fora dela (cf. Cap. 2), a teoria procede inicialmente a uma limitação necessária, mas apenas nas provisórias, de seu objeto. Limitação que não consiste nunca em suprimir nem mesmo um único dos fatores essenciais desta totalidade global que é a linguagem. Trata-se apenas de dividir os problemas e de partir do simples para chegar ao complexo, como o exigem a segunda e a terceira regras de Descartes. Nossa limitação resulta simplesmente da necessidade de separar antes de comparar e do princípio inevitável da análise (cf. Cap. 4).

A limitação pode ser considerada justificada se mais tarde permitir uma ampliação da perspectiva através de uma projeção da estrutura descoberta sobre os fenômenos que lhe são vizinhos, de modo tal que sejam explicados de maneira satisfatória à luz da própria estrutura; e se, após a análise, a totalidade global da linguagem, sua vida e sua realidade, podem de novo ser consideradas sinteticamente, não mais como um conglomerado acidental *de fato* mas como um todo organizado ao redor de um princípio diretor, é na medida em que se chega a esse ponto que a teoria pode ser considerada satisfatória. A prova disso consiste em investigar em que medida a teoria corresponde à exigência da descrição exaustiva, conforme nosso princípio de empirismo. Essa prova deve ser feita extraindo-se todas as conseqüências gerais do princípio estrutural que se escolheu.

É segundo esse princípio que a teoria permite a ampliação das perspectivas. A forma que isto assumirá *in concreto* dependerá do tipo de objetos que de início decidirmos considerar. Escolheremos partir das premissas da lingüística tradicional, e construiremos inicialmente nossa teoria a partir da *língua falada* dita *natural,* e apenas dela. A partir desta primeira perspectiva, os círculos irão se ampliando até que as últimas conseqüências sejam extraídas. A perspectiva será ampliada várias vezes, através do que aqueles aspectos excluídos da primeira consideração são novamente introduzidos e assumem seu lugar num novo conjunto.

8. O Sistema de Definições

A teoria da linguagem, cuja tarefa principal é explicitar — remontando o mais longe possível — as premissas científicas da lingüística, estabelece, com essa finalidade, um sistema de definições. É necessário exigir da teoria que ela evite tanto quanto possível toda metafísica, isto é, que o número dessas premissas implícitas deve ser reduzido ao mínimo. Portanto, os conceitos que ela emprega devem ser definidos, e as definições propostas devem, por sua vez, tanto quanto possível, repousar sobre conceitos definidos. Na prática, isso equivale a dizer que é preciso levar as definições tão longe quanto possível, e introduzir por toda parte definições preliminares antes das que as pressupõem.

É útil atribuir às definições que pressupõem outras definições, e a partir das quais outras definições são pressupostas, um caráter ao mesmo tempo explícito e rigorosamente *formal*. Elas se distinguem das definições *realistas* que a lingüística até agora procurou formular na medida em que ela se interessou por esse empreendimento. Não se trata, de modo algum, nas definições formais da teoria, de esgotar a compreensão da natureza dos objetos, nem mesmo de precisar sua extensão, mas apenas de determiná-los com relação a outros objetos igualmente definidos ou pressupostos enquanto conceitos fundamentais.

Além das definições formais, às vezes é necessário, em razão do procedimento de descrição, introduzir, no decorrer da descrição, definições *operacionais* que representam um papel apenas provisório. Trata-se, de um lado, de definição que, num estádio mais avançado, se transformarão em definições formais e, de outro lado, de definições puramente operacionais cujos conceitos definidos não estarão no sistema de definições formais.

Este modo de proceder através de definições extensivas parece dever contribuir para libertar a teoria da linguagem de axiomas específicos (cf. Cap. 5). Parece-nos que, em toda ciência, a introdução de uma estratégia apropriada de definições permite restringir o número de axiomas e às vezes mesmo reduzi-lo a zero. Uma tendência séria para eliminar as premissas implícitas conduz a substituir os postulados seja por definições, seja por proposições condicionais colocadas teoricamente que fazem desaparecer os postulados enquanto tais. Parece que, na maioria dos casos, os postulados puramente existenciais podem ser substituídos por teoremas na forma de condições.

9. Princípio da Análise

Partindo do texto como dado e procurando indicar o caminho para uma descrição não contraditória e exaustiva deste texto através de uma análise — uma passagem dedutiva de classe para componente e componente de componente (cf. Caps. 4 e 6) — é necessário que os níveis mais profundos do sistema de definições da teoria da linguagem (cf. Cap. 8) tratem do princípio desta análise, determinando sua natureza e os conceitos que dela participam. É exatamente esses primeiros níveis do sistema de definições que abordaremos quando começarmos a refletir sobre o procedimento que a teoria da linguagem deverá escolher para levar a cabo sua tarefa.

Como a escolha de uma base de análise depende de sua adequação (em relação às três exigências contidas no princípio de empirismo), esta escolha variará conforme os textos. Portanto, não pode ser fixada como universal, mas apenas por um cálculo geral que leva em consideração todas as possibilidades concebíveis. O próprio princípio da análise, no qual e apenas no qual estamos interessados no momento, apresenta, pelo contrário, aquilo que é universal.

Mas este deve ser conforme às exigências do princípio de empirismo, e no caso é a exigência de exaustividade que apresenta o maior interesse prático. Deve-se proceder de modo tal que o resultado da análise seja exaustivo (no sentido mais amplo do termo), e que não introduzamos de início um método que nos impeça de registrar os fatores que, através de uma outra análise, seriam postos em evidência como pertencentes ao objetos que constitui a matéria da lingüística. Em suma, o princípio da análise deve ser adequado.

Segundo o realismo ingênuo, a análise provavelmente deveria reduzir-se à decupagem de um dado objeto em partes, portanto em novos objetos, a seguir divididos estes em partes, portanto ainda em novos objetos, e assim por diante. Mas, mesmo neste caso, o realismo ingênuo teria de escolher entre várias decupagens possíveis. Será reconhecido, portanto, sem dificuldades, que no fundo o essencial não é dividir um objeto em partes, mas sim adaptar a análise de modo que ela seja conforme às dependências mútuas que existem entre essas partes, permitindo-nos prestar contas dessas dependências de modo satisfatório. Esse é o único modo de assegurar a adequação desta análise e dela fazer, segundo a teoria metafísica do conhecimento, um reflexo da "natureza" do objeto e de suas partes.

As conseqüências dessa constatação são essenciais para que se compreenda o princípio de análise: tanto quanto suas partes, o objeto examinado só existe em virtude desses relacionamentos ou dessas dependências; a totalidade do objeto examinado é apenas a soma dessas dependências, e cada uma de suas partes define-se apenas pelos relacionamentos que existem 1) entre ela e outras partes coordenadas, 2) entre a totalidade e as partes do grau seguinte, 3) entre o conjunto dos relacionamentos e das dependências e essas partes. Os "objetos" do realismo ingênuo reduzem-se, então, a pontos de intersecção desses feixes de relacionamentos; isso significa que apenas eles permitem uma descrição dos objetos que não podem ser cientificamente definidos e compreendidos a não ser desse modo. Os relacionamentos ou as dependências que o realismo ingênuo considera secundários e como pressupostos dos objetos tornam-se, para nós, essenciais: são a condição necessária para que existam pontos de intersecção.

O reconhecimento de fato de que uma totalidade não se compõe de objetos, mas sim de dependências, e que não é sua substância mas sim os relacionamentos internos e externos que têm uma existência científica não é novo, por certo. No entanto, em lingüística parece ser. Postular objetos como sendo outra coisa que não termos de relacionamentos é introduzir um axioma supérfluo e uma hipótese metafísica do qual a lingüística terá de se libertar.

É fato que pesquisas lingüísticas recentes estão a ponto de reconhecer certos fatos que com a condição de serem estudados a fundo, deveriam conduzir logicamente a esta concepção. Desde Ferdinand de Saussure, freqüentemente tem-se sustentado que existia entre certos fatos de uma língua uma interdependência tal que uma língua dada não pode apresentar um desses fatos sem apresentar também o outro. Esta idéia é justa, sem dúvida nenhuma, ainda que freqüentemente tenha sido levada longe demais e explorada de modo abusivo. Tudo parece indicar que Saussure reconhece a prioridade das dependências na língua. Por toda parte ele procura relacionamentos, e afirma que a língua é forma, e não substância.

Neste ponto de nosso estudo devemos evitar cair num círculo vicioso. Se se pretende, por exemplo, que o substantivo e o adjetivo, ou a vogal e a consoante, pressupõem-se mutuamente, de modo que uma língua não pode ter substantivos sem ter também adjetivos e reciprocamente, e que ela não pode ter vogais sem ter também consoantes e reciprocamente — proposições que, de nossa parte, acreditamos poder afirmar como teoremas — essas proposições poderão ser verdadeiras ou falsas segundo as definições adotadas para os conceitos de substantivo, adjetivo, vogal e consoante.

Assim, encontramo-nos aqui num terreno difícil; mas estas dificuldades são agravadas pelo fato de que os casos de dependências mútuas, ou interdependências, aos quais nos ativemos até aqui, extraem sua existência do sistema da língua e não de seu processo (cf. Cap. 2), e é exatamente esse tipo de dependências e não outros que procuramos. Além das interdependências, é necessário prever dependências unilaterais em que um dos termos pressupõe o outro, mas não o contrário, e ainda dependências mais frouxas onde os dois termos não se pressupõem mutuamente, podendo não obstante figurar juntos (no processo ou no sistema) por oposição a termos que são incompatíveis e que se excluem mutuamente.

A partir do momento em que se admite a existência dessas diversas possibilidades, impõe-se a exigência de uma terminologia adequada. Adotaremos provisoriamente termos operacionais para as possibilidades aqui consideradas. As dependências recíprocas, em que os dois termos se pressupõem mutuamente, serão, para nós, *interdependências*. As dependências unilaterais, em que um dos termos pressupõe o outro, mas não o contrário, serão chamadas *determinações*. Finalmente, as dependências mais frouxas, em que os dois termos estão num relacionamento recíproco sem que um pressuponha o outro, serão chamadas *constelações*.

A partir daqui, podemos distinguir as três espécies de dependências conforme entrem num processo ou num sistema. Denominaremos *solidariedade* a interdependência entre termos num processo, e *complementaridade* [1] a dependência entre termos num sistema. A determinação entre termos num processo será chamada *seleção*, e entre termos num sistema, *especificação*. As constelações serão denominadas *combinações* num processo e *autonomias* num sistema.

É útil dispor assim de três jogos de termos, o primeiro para o processo, o segundo para o sistema e o terceiro valendo indiferentemente para o processo e o sistema. Com efeito, há casos em que um mesmo conjunto de termos pode ser considerado tanto como processo quanto como sistema unicamente em virtude do ponto de vista que se adotar. A teoria é um exemplo: pode-se considerar a hierarquia das definições como um processo em que é enunciada, escrita ou lida uma definição, depois uma outra e assim por diante, ou então como um sistema que potencialmente subentende um processo possível. Há determinação entre as definições uma vez que aquelas que devem preceder outras são pressupostas pelas que as seguem, mas que a recíproca não é verdadeira. Se a hierarquia das definições é vista como um processo, há seleção entre as definições; se, pelo contrário, é considerada como um sistema, entre elas há especificação.

Uma vez que aquilo por que nos interessamos no momento é a análise de um texto, é o processo que reterá nossa atenção, e não o sistema. É fácil encontrar solidariedades nos textos de uma dada língua. Deste modo, nas línguas que melhor conhecemos, muito freqüentemente há solidariedade entre os morfemas de diversas categorias no interior de uma mesma "forma gramatical" [2], de modo que um morfema de uma categoria se vê ali sempre acompanhado por um morfema da outra categoria, e reciprocamente. O substantivo latino sempre comporta um morfema de caso e um morfema de número, e um nunca é encontrado sem o outro. Os casos de seleção, entretanto, são mais notáveis. Alguns são conhecidos, há muito tempo, sob o nome de recção, ainda que este conceito continue mal definido. Pode haver seleção entre uma preposição e seu objeto: assim, entre *sine* e o ablativo, com *sine* pressupondo a existência de um ablativo no texto, enquanto que o inverso não é verdadeiro. Em outros casos há combinação, tal como, em latim, entre *ab* e o ablativo, que têm uma coexistência possível mas não necessária. Esta possibilidade de coexistência os distingue, por exemplo, de *ad*

---

1. Os relacionamentos entre substantivo e adjetivo e entre vogal e consoante são, portanto, exemplos de complementaridade.

2. O termo *morfema* restringe-se neste livro ao uso no sentido de elementos inflexionais considerados como elementos do conteúdo.

PRINCÍPIO DA ANÁLISE 31

e do ablativo, que se excluem mutuamente. Se a coexistência de *ab* e do ablativo não é necessária, é porque *ab* pode também funcionar como prefixo de verbo. De um ponto de vista diferente, que tem um caráter universal e não particular a uma dada língua, pode haver uma solidariedade entre uma preposição e seu objeto no sentido de que o objeto de uma preposição não pode existir sem a preposição, nem esta (como *sine*) sem o objeto.

A lingüística tradicional só tratou tais dependências de modo sistemático na medida em que elas existiam entre duas ou mais palavras e não no interior de uma única palavra. Esta atitude está relacionada com a divisão da gramática em morfologia e em sintaxe, divisão esta cuja necessidade a lingüística sustentou desde a Antiguidade. Concordando, em relação a este ponto, com certas tendências recentes, logo nos veremos levados a abandonar essa tese por ser inadequada. Se se levar esta tese a seu ponto limite — o que foi feito algumas vezes — a morfologia só se prestaria a uma descrição do sistema e a sintaxe apenas à descrição do processo. Não é inútil levar esta distinção até sua conseqüência lógica, pois isto põe em evidência o paradoxo: se esse fosse o caso, logicamente só se poderia registrar as dependências que dependem do processo na sintaxe, e não logologia, isto é, entre as palavras de uma mesma frase, mas não no interior de uma única palavra e nem entre suas partes. Vê-se de onde provém o interesse exclusivo atribuído aos fenômenos de recção.

No entanto, não há necessidade de renunciar a todas as concepções tradicionais para ver que existe, no interior da palavra, dependências análogas às que as palavras contraem entre si na frase, dependências suscetíveis de uma análise e de uma descrição da mesma natureza. A estrutura de uma língua pode ser tal que um mesmo radical pode aparecer com e sem sufixo de derivação. Há, então, seleção entre o sufixo e o radical. De um ponto de vista mais universal ou mais geral, há sempre seleção neste caso, uma vez que um sufixo pressupõe necessariamente um radical e não o contrário. Mesmo os conceitos da lingüística tradicional exigem em última análise uma definição baseada na seleção, definição do mesmo tipo daquela que permite distinguir entre proposição principal e proposição subordinada. Já demos um exemplo disso ao mostrar que no interior da desinência da palavra e entre seus componentes encontram-se igualmente dependências da mesma natureza. É evidente que, nas condições estruturais dadas, a solidariedade entre os morfemas nominais pode ser substituída por uma seleção ou por uma combinação. Um substantivo, por exemplo, pode apresentar ou não um morfema de compara-

32 PROLEGÔMENOS A UMA TEORIA DA LINGUAGEM

ção, o que significa que os morfemas de comparação não são solidários dos morfemas casuais como o são os morfemas de número, mas pressupõem unilateralmente sua coexistência. Aí há, portanto, seleção. Uma combinação aparece quando, ao invés de considerar, como no exemplo anterior, cada paradigma de morfema (o dos casos e o dos números) como uma totalidade, considera-se cada caso e cada número separadamente: entre um caso particular, por exemplo o acusativo, e um número particular, por exemplo o plural, existe combinação. Só há solidariedade entre os paradigmas tomados em seu conjunto. Pode-se decompor a sílaba segundo o mesmo princípio. Em certas condições estruturais (realizadas em inúmeras línguas conhecidas), pode-se dividir a sílaba em uma parte central (vogal ou consoante sonora), e uma parte marginal (consoante ou consoante não-sonora) graças ao fato de que uma parte marginal pressupõe a coexistência textual de uma parte central, e não o contrário. Esse ainda é um caso de seleção. Esse princípio está de fato presente na definição das vogais e das consoantes que, já caída em desuso nos tratados eruditos, sobrevive ainda mais ou menos no ensino primário e remonta, sem dúvida, à Antiguidade.

Dever-se-ia, portanto, considerar como certo que um texto e uma qualquer de suas partes são analisáveis em partes definidas por dependências desta natureza. O princípio da análise consistirá, por conseguinte, no reconhecimento dessas dependências: as partes definidas pela análise só devem ser consideradas como pontos de intersecção dos feixes dos relacionamentos. Portanto, não se pode empreender a análise antes que essas dependências sejam descritas em seus tipos principais, uma vez que a base da análise deve ser escolhida, em cada caso particular, conforme os relacionamentos pertinentes, e só se pode proceder a esta decisão com a condição de saber quais são os relacionamentos a serem descritos a fim de que a descrição seja exaustiva.

10. Forma da Análise

A análise consiste, portanto, efetivamente, no registro de certas dependências ou certos relacionamentos entre termos que, conforme o uso consagrado, chamaremos de partes do texto, e que existem exatamente em virtude desses relacionamentos e unicamente em virtude deles. O fato de serem esses termos denominados partes, e de o procedimento todo ser chamado de análise se deve ao fato de que também há relacionamentos entre esses termos e a totalidade (isto é, o texto) na qual se diz que eles entram, relacionamentos estes que a análise deve igualmente registrar. O fator particular que caracteriza a dependência entre a totalidade e as partes, que a diferencia de uma dependência entre a totalidade e outras totalidades e que faz com que os objetos descobertos (as partes) possam ser considerados como interiores e não exteriores à totalidade (isto é, o texto) parece ser a *homogeneidade* da dependência: todas as partes coordenadas resultam apenas da análise de uma totalidade que depende dessa totalidade de um modo homogêneo. Esta homogeneidade caracteriza também a dependência entre as partes; analisando, por exemplo, um texto em proposições, das quais se distinguem duas espécies (definidas por uma dependência específica recíproca), a principal e a subordinada, sempre nos veremos — com a condição de não levar adiante a análise — na presença da mesma dependência entre a principal e a subordinada, sejam quais forem as proposições consideradas; o mesmo acontece quanto ao relacionamento entre um tema e seu sufixo de

34 PROLEGÔMENOS A UMA TEORIA DA LINGUAGEM

derivação, entre a parte central e a parte marginal de uma sílaba, e quanto a todos os outros casos.

Utilizaremos este critério a fim de estabelecer e conservar uma definição metodológica unívoca da análise. A *análise*, em sua definição formal, será portanto a descrição de um objeto através das dependências homogêneas de outros objetos em relação ao primeiro e das dependências entre eles reciprocamente. Denominar-se-á *classe* o objeto submetido à análise, e *componentes* dessa classe os objetos que são registrados por uma única análise como dependendo uns dos outros e da classe de modo homogêneo.

Nesta primeira amostra restrita do sistema de definições adotado pela teoria, a definição do componente pressupõe a da classe, e a definição da classe pressupõe a da análise. A definição da análise pressupõe apenas termos ou conceitos que não são, eles, definidos no sistema de definições específico da teoria, e que colocamos como indefiníveis: *descrição, objeto, dependência, homogeneidade.*

Denominar-se-á de *hierarquia* uma classe de classes, e sabemos que teremos de distinguir entre duas espécies de hierarquias: os *processos* e os *sistemas.* Poderemos nos aproximar do uso habitual adotando designações especiais para classe e componente, conforme forem extraídos de um processo ou de um sistema. Num processo lingüístico [1], as classes serão denominadas *cadeias* e os componentes *partes* [2]. Num sistema lingüístico, as classes serão denominadas *paradigmas* e os componentes membros. Correspondendo à distinção entre *partes* e *membros,* e quando for útil especificar, poderemos chamar de divisão à análise de um processo de *articulação* à análise de um sistema.

A primeira tarefa da análise, portanto, consiste em efetuar uma divisão do processo. O texto é uma cadeia e todas as partes (proposições, palavras, sílabas etc.) também são cadeias, com exceção das partes irredutíveis que não podem ser submetidas à análise.

A exigência de exaustividade impede que se fique apenas numa simples divisão do texto; mas as partes que ela discerne deverão ser, por sua vez, divididas, e assim por diante até o esgotamento da divisão. Definimos a análise de tal modo que nada indica, na definição, se ela é simples ou continuada; uma análise (e, portanto, também uma divisão) assim definida pode conter uma, duas, ou várias análises; o conceito de análise (ou de divisão) é um "conceito-sanfona". Além do mais, pode-se agora con-

---

1. Na forma última, e mais geral, dessas duas definições, a palavra *lingüística* será substituída por *semiótica.* Para a distinção entre uma língua e uma semiótica, ver. Cap. 21.
2. Ou *elos.*

FORMA DA ANÁLISE

siderar que a descrição do objeto dado (isto é, o texto) não se esgota com uma divisão continuada mesmo que levada a cabo, a partir de uma única base de análise, mas que se pode ampliar a descrição, isto é, registrar novas dependências através de novas divisões efetuadas a partir de outras bases de análise. Falaremos então em *complexo de análises,* ou *complexo de divisões,* isto é, de classe de análises (ou divisões) de uma única e mesma classe (ou cadeia).

A análise exaustiva do texto terá então a forma de um procedimento que se compõe de uma divisão continuada ou de um complexo de divisões no qual cada operação consistirá em uma simples divisão mínima. Cada operação que este procedimento comporta pressuporá as operações anteriores e será pressuposta pelas operações seguintes. O mesmo acontecerá se o procedimento adotado for um complexo de divisões: cada divisão levada até o fim é pressuposta por outras divisões, e/ou pressupõe, por sua vez, outras divisões. Entre os componentes do procedimento há determinação, de tal modo que os componentes seguintes sempre pressupõem os anteriores, mas não o inverso. Tal como a determinação entre as definições (cf. Cap. 9), a determinação entre as operações pode ser considerada seja como uma seleção, seja como uma especificação. Chamaremos de *dedução* uma tal totalidade de procedimento, e definiremos formalmente a dedução como uma análise continuada ou um complexo de análises com determinação entre as análises que dela participam.

Uma dedução é, portanto, um certo tipo de procedimento diferente do da indução. Definiremos uma *operação* como uma descrição que está de acordo com o princípio de empirismo, e um *procedimento* como uma classe de operações de mútua determinação. (Tais definições fazem da *operação* e do *procedimento* "conceitos-sanfona", tal como a *análise* acima mencionada.) A partir daí, um procedimento pode então consistir ou em análises e ser uma dedução ou então, pelo contrário, consistir em *sínteses* e ser uma *indução.* Por *síntese,* entendemos a descrição de objetos enquanto componentes de uma classe (a *síntese,* como a análise, torna-se então um "conceito-sanfona") e por *indução,* uma síntese continuada com determinação entre as sínteses que dela participam. Se o procedimento adotado comporta tanto a análise quanto a síntese, o relacionamento de pressuposição existente entre elas aparecerá sempre como uma determinação onde a síntese pressupõe a análise, e não o contrário. Isto resulta naturalmente do fato de que o dado imediato é uma totalidade não analisada (o texto, cf. Cap. 4). Segue-se que um procedimento pura-

36 PROLEGÓMENOS A UMA TEORIA DA LINGUAGEM

mente indutivo (mas que comportaria necessariamente deduções implícitas) não poderia satisfazer à exigência de exaustividade que participa do princípio de empirismo. Portanto, há uma justificação formal do método dedutivo defendido no Cap. 4. De resto, nada disto impede que a hierarquia seja a seguir percorrida na direção oposta, o que não produzirá novos resultados mas que pode fornecer um ângulo novo que às vezes será útil adotar para os mesmos resultantes.

Pareceu-nos não haver aqui razão suficiente para modificar a terminologia que está agora a ponto de ser aceita em lingüística. Os fundamentos formais de nossa terminologia e dos conceitos que propusemos poderiam muito bem se ligar ao uso consagrado pela epistemologia. Nossas definições nada têm que contradiga ou impeça o uso da palavra *dedução* no sentido de "conclusão lógica". Parece-nos possível dizer que proposições que decorrem de outras proposições resultam destas por análise [3]: em cada nível do procedimento, as proposições deduzidas são objetos que dependem uns dos outros de modo homogêneo, tal como eles dependem da proposição pressuposta. É certo que isto é muito diferente das concepções habituais da noção de análise. Mas o que justamente pretendemos foi, utilizando definições formais, evitar formular postulados sobre a natureza dos objetos; portanto, nada postulamos sobre a natureza ou a essência da análise fora daquilo que está contido em sua definição. Se o termo *indução* é empregado para designar um tipo particular de conclusão lógica que permite a passagem de certas proposições para outras — o que faz da indução, segundo a terminologia lógica, uma espécie de dedução — o termo ambíguo *indução* é então empregado numa acepção inteiramente diferente daquela que visamos. Levado a cabo, o método de definição poderia suprimir o incômodo causado por esta ambigüidade.

Até aqui, empregamos os termos *componente, parte* e *membro* opondo-os, respectivamente, a *classe, cadeia* e *paradigma*. Mas utilizaremos *componente, parte* e *membro* apenas para designar as resultantes de uma análise simples (cf., acima, a definição do termo *componente*). Numa análise continuada, falaremos em *derivados*. Portanto, uma hierarquia é uma classe com seus derivados. Se admitimos que, num determinado momento, um texto é analisado em grupos de sílabas, que são então analisados em sílabas, que por sua vez são analisadas em partes de sílabas, num tal caso as sílabas serão derivados dos grupos de sílabas, e as

---

3. Voltaremos a este ponto no Cap. 18.

FORMA DA ANÁLISE

partes de sílabas serão derivados dos grupos de sílabas e das sílabas. Por outro lado, as partes de sílabas serão componentes (partes) de sílabas porém não grupos de sílabas, e as sílabas serão componentes (partes) dos grupos de sílabas mas de nenhuma outra resultante da análise. Traduzindo isto em definições: por *derivados* de uma classe entenderemos seus componentes e os componentes-de-componentes no interior de uma única e mesma dedução. Acrescentemos de imediato que nos propomos a dizer que a classe *compreende* seus derivados e que os derivados *entram na* classe. Por *grau* dos derivados entenderemos o número de classes através das quais eles dependem de sua classe comum mais baixa; se este número for zero, serão derivados de primeiro grau; se o número for 1, serão derivados de segundo grau, e assim por diante. No exemplo já utilizado onde grupos de sílabas são pensados como analisados em sílabas, e estas em partes de sílabas, as sílabas serão portanto derivados de primeiro grau dos grupos de sílabas, enquanto que as partes de sílabas serão derivados de primeiro grau das sílabas e derivados de segundo grau dos grupos de sílabas. *Derivado de primeiro grau e componente* são, portanto, termos equivalentes.

11. Funções

Uma dependência que preenche as condições de uma análise será denominada *função*. Deste modo, diremos que há função entre uma classe e seus componentes (entre uma cadeia e suas partes, entre uma paradigma e seus membros), do mesmo modo como há função mútua entre os componentes (partes e membros). Serão denominados *funtivos* de uma função os termos entre os quais esta existe, entendendo-se por *funtivo* um objeto que tem uma função em relação a outros objetos. Diz-se que um funtivo *contrai* sua função. Das definições resulta que também funções podem ser funtivos, uma vez que pode haver função entre funções. Deste modo, existe uma função entre a função que as partes contraem entre si e a função contraída entre a cadeia e suas partes. Um funtivo que não for também uma função será denominado *grandeza*. No caso que já consideramos, os grupos de sílabas, as sílabas e as partes das sílabas serão grandezas.

Adotamos aqui o termo *função* num sentido que se situa a meio caminho entre seu sentido lógico-matemático e seu sentido etimológico, tendo este último representado um papel considerável em todas as ciências, incluindo-se aqui a lingüística. O sentido em que o tomamos está formalmente mais próximo do primeiro, sem com isso ser-lhe idêntico. É exatamente de um tipo assim de conceito intermediário que necessitamos na lingüística. Poderemos dizer que uma grandeza no interior de um texto ou de um sistema tem determinadas funções e, com isso, aproximarmo-nos do emprego

40 PROLEGÔMENOS A UMA TEORIA DA LINGUAGEM

lógico-matemático desse termo, com ele exprimindo: primeiramente, que a grandeza considerada mantém dependências ou relações com outras grandezas, de modo que certas grandezas pressupõem outras e, segundo, que pondo em causa o sentido etimológico do termo, esta grandeza funciona de uma determinada maneira, representa um papel particular, ocupa um "lugar" preciso na cadeia. Num sentido, pode-se dizer que a acepção etimológica da palavra *função* é sua definição realista, que evitamos explicitar e incluir no sistema de definições porque ela supõe premissas mais numerosas que as da definição formal à qual é redutível.

Ao mesmo tempo que adotamos o termo técnico *função*, desejamos evitar a ambiguidade do uso tradicional no qual ele designa tanto a relação entre dois termos e um ou mesmo ambos esses termos no caso em que se diz que um termo é "função" do outro. É para eliminar essa ambiguidade que propusemos o termo técnico *funtivo* e que tentamos evitar dizer, como normalmente se faz, que um funtivo é "função" do outro, preferindo a seguinte formulação: um funtivo *tem uma função com o outro*. A ambiguidade que censuramos no emprego tradicional da palavra *função* é encontrada com mais frequência nos termos que, na terminologia tradicional, designam espécies particulares de funções, como por exemplo quando *regime* significa tanto *rectio* como *regimen*. A mesma ambiguidade ocorre com a palavra *pressuposição*, que pode ser empregada para designar uma função e um funtivo. Esta ambiguidade dos conceitos oculta-se atrás da definição realista das espécies de funções (cf. Cap. 9) que, por isso mesmo, deve ser excluída das definições formais. A palavra *significação* é um outro exemplo disso: é empregada tanto para a designação quanto para o próprio designado; é necessário dizer, aliás, que esse termo é obscuro também em relação a muitos outros aspectos.

Podemos agora oferecer uma visão sistemática das diferentes espécies de funções de que, prevemos, necessitaremos na teoria da linguagem, e ao mesmo tempo apresentar as definições formais das funções que até aqui introduzimos apenas a título operacional.

Por *constante* entendemos um funtivo cuja presença é uma condição necessária para a presença do funtivo com o qual tem função. Por *variável*, pelo contrário, entenderemos um funtivo cuja presença não é uma condição necessária para a presença do funtivo com o qual tem função. Estas definições baseiam-se em conceitos não específicos e indefiníveis: *presença, necessidade, condição*, bem como nas definições de função e funtivo.

FUNÇÕES 41

A partir daí, podemos definir a *interdependência* como uma função entre duas constantes; a *determinação,* como uma função entre uma constante e uma variável, e a *constelação* como uma função entre duas variáveis.

Em certos casos, teremos necessidade de uma designação comum para a interdependência e a determinação, que são as duas espécies de funções das quais pelo menos um dos funtivos é uma constante: nós as denominaremos de *coesões.* Poderemos do mesmo modo ter necessidade de uma designação comum para a interdependência e a constelação, que possuem ambas apenas um tipo de funtivo, com a interdependência ligando apenas constantes e a constelação ligando apenas variáveis: serão denominadas *reciprocidades,* termo que indica bem que, contrariamente à determinação, estas duas funções não são "orientadas".

Em virtude desta "orientação" (devida à natureza diversa dos funtivos), deve-se distinguir entre os funtivos de uma determinação (seleção ou especificação). Denominar-se-á *determinada* (*selecionada* ou *especificada*) a constante, e *determinante* (*selecionante* ou *especificante*) a variável de uma determinação; do funtivo cuja presença é condição necessária para a presença do outro funtivo da determinação diz-se *ser determinado* (*selecionado* ou *especificado*) *por* ele, e do funtivo cuja presença não é uma condição necessária à presença do outro funtivo diz-se *determinar* (*selecionar, especificar*) este último. Em compensação, os funtivos que contraem uma reciprocidade podem ostentar o mesmo nome: chamaremos *interdependentes* (*solidários, complementares*) os funtivos que contraem uma interdependência (solidariedade, complementaridade) e *constelares* (*combinados, autônomos*) os funtivos que contraem uma constelação (combinação, autonomia). Dos funtivos que contraem uma reciprocidade diz-se que são *recíprocos* e dos que contraem uma coesão, *coesivos.*

Ao formular as definições de nossas três espécies de funções, previmos apenas os casos em que há dois funtivos que as contraem, e apenas dois. É possível prever que as funções poderão ser contraídas por mais de dois funtivos, mas sempre se poderá considerar essas funções *multilaterais* como sendo funções entre funções *bilaterais.*

Uma outra distinção, essencial para a teoria da linguabem, é a que existe entre a função "e ... e", ou "conjunção", e a função "ou... ou" ou "disjunção". É sobre esta distinção que se baseia a distinção entre processo e sistema: no processo, no texto, encontra-se um e... e, uma conjunção, ou uma coexistência entre os funtivos que dela participam. No sistema, pelo contrário, existe um ou... ou,

42 PROLEGÔMENOS A UMA TEORIA DA LINGUAGEM

uma disjunção ou uma alternância entre os funtivos que dele participam. Consideremos, por exemplo:

toa
vim

Intercambiando *t* e *v, o* e *a, a* e *m,* respectivamente, obtém-se as palavras *toa, tom, tia, vim, voa, via,* todas diferentes. Estas grandezas são cadeias que entram no processo da língua (o texto); *t* e *v, o* e *i, a* e *m,* tomados dois a dois, constituem, pelo contrário, paradigmas que entram para o sistema da língua. Em *toa* há conjunção, coexistência, entre *t* e *o* e *a;* existe "realmente" para nós, ao mesmo tempo, *t* e *o* e *a.* Do mesmo modo, há coexistência ou conjunção de *v* e *i* e *m* em *vim.* Mas entre *t* e *v* há disjunção, alternância, e aquilo que "de fato" temos diante de nossos olhos *ou é t ou é m.* Do mesmo modo, há disjunção, ou alternância, entre *o* e *i,* e entre *a* e *m.*

Num sentido, pode-se admitir que são as mesmas grandezas que entram no processo (texto) e no sistema lingüísticos: considerado como uma parte (derivada) da palavra *toa, t* entra num processo e, por conseguinte, numa conjunção, enquanto que, considerado como um membro (derivado) do paradigma

t
v

ele entra num sistema e, portanto, numa disjunção. Do ponto de vista do processo, *t* é uma parte; do ponto de vista do sistema, é um membro. Estes dois pontos de vista distintos permitem reconhecer a existência de dois objetos diferentes, pois a definição funcional varia de um para outro. Mas, unindo ou multiplicando as duas definições funcionais distintas, poderemos nos ver autorizados a dizer que estamos lidando com o "mesmo" *t.* É nesta medida que se pode dizer que todos os funtivos da língua entram ao mesmo tempo num processo e num sistema, que eles contraem ao mesmo tempo a relação de conjunção (ou de coexistência) e a de disjunção (ou de alternância). A interpretação desses funtivos, em cada caso particular, como sendo conjuntos ou disjuntos, coexistentes ou alternantes, dependerá do ponto de vista que se adotar, por escolha.

Em nossa teoria da linguagem — diversamente da lingüística tradicional, e em reação consciente contra ela — procuraremos utilizar uma terminologia que evite qualquer ambigüidade. Entretanto, o teórico da linguagem se vê às vezes embaraçado em matéria de terminologia; é o que acontece aqui. Denominamos provisoriamente de conjunção a função e... e, de acordo com a terminologia lógica do

FUNÇÕES   43

termo, ou coexistência, e denominamos de disjunção (sempre de acordo com a terminologia lógica) ou de alternância a função ou... ou. Mas seria totalmente inoportuno manter essas designações. Com efeito, os lingüistas entendem por *conjunção* algo inteiramente diferente, e deveremos (nisto, seguindo a tradição) utilizar o termo da mesma maneira (para designar uma "parte do discurso", embora não estejamos pensando em defini-la como tal). O emprego do termo *disjunção* teve uma ampla difusão na lingüística, mas apenas para designar um tipo particular da função ou... ou, e adotar esse termo para todas as funções ou... ou seria favorecer confusões e enganos. *Alternância,* enfim, é um termo lingüístico profundamente ancorado, sem dúvida nenhuma impossível de ser desenraizado e, além do mais, é cômodo para designar uma função específica — principalmente os fenômenos chamados *ablaut* e *umlaut* — que, aliás, mantém estreitas relações com a função ou... ou, e da qual não passa, na verdade, de uma forma particularmente complexa. Portanto, não convém adotar *alternância* para designar a função ou... ou em geral. *Coexistência* não é, evidentemente, um termo já utilizado, mas não o recomendamos porque, entre outras razões, um uso já bem difundido na lingüística relaciona-o num certo sentido com a coexistência entre membros de um paradigma.

Devemos, portanto, procurar outros termos e procuraremos sempre, desde que possível, estabelecer contato com a terminologia lingüística já existente. Tornou-se prática bastante difundida na lingüística chamar de *correlação* a função que existe entre os membros de um paradigma. Parece, portanto, que convém adotar esse termo para a função ou... ou. E entre as designações possíveis da função e... e, ficaremos com a palavra *relação,* atribuindo-lhe um sentido mais limitado do que ela tem na lógica, onde *relação* é empregada essencialmente no sentido que atribuímos à palavra *função.* Este fato parece-me que provoca dificuldades apenas iniciais, fáceis de serem superadas.

Por *correlação* [1], entenderemos portanto, a função ou... ou, e por *relação* [2] a função e... e. Denominaremos os funtivos que contraem essas funções, respectivamente, de *correlatos* e *relatos.* A partir desta colocação, podemos definir um *sistema* como uma hierarquia correlacional, e um *processo* como uma hierarquia relacional.

Ora, como já vimos (Cap. 2), processo e sistema são conceitos de uma grande generalidade, e que não poderiam ter seu uso restrito exclusivamente a objetos semióticos.

---

1. Ou *equivalência* (cf. H. J. ULDALL, "on Equivalent Relations", *Travaux du Cercle Linguistique de Copenhague* V, pp. 71-76).
2. Ou *conexão.*

Encontramos designações cômodas e tradicionais para um processo e um sistema semióticos nos termos *sintagmática* e *paradigmática*. Quando se trata da língua natural falada, que é a única a nos interessar no momento, podemos também utilizar termos mais simples: chamaremos aqui o processo de *texto,* e o sistema de *língua.*

Um processo e o sistema subentendido contraem uma função mútua que, conforme o ponto de vista adotado, pode ser considerada como uma relação ou como uma correlação. Um exame aprofundado dessa função mostra facilmente que é uma determinação cujo sistema é a constante: *o processo determina o sistema.* Não é essencial que, visto do exterior, o processo seja mais imediatamente perceptível à observação, enquanto que o sistema deve ser antes "relacionado" com o processo "descoberto" atrás dele mediante um procedimento; é apenas por isso que o único modo de conhecê-lo é o modo indireto, a menos que ele se apresente de imediato a partir de um procedimento preliminar. Esta situação poderia levar a pensar que o processo pode existir sem o sistema, e não o contrário. Mas o importante é que a existência de um sistema seja uma condição necessária para a existência de um processo. O processo só existe em virtude do sistema subjacente que o governo e que determina sua formação possível. Não seria possível imaginar um processo sem um sistema por trás dele porque neste caso tal processo seria inexplicável, no sentido absoluto da palavra. Um sistema, pelo contrário, não é inconcebível sem um processo. A existência de um sistema não pressupõe a existência de um processo. O sistema não existe em virtude de um processo.

Portanto, é impossível ter um texto sem uma língua que esteja por trás dele. Pelo contrário, uma língua pode existir sem que se encontre um texto construído nessa língua. Isso quer dizer que essa língua é prevista pela teoria da linguagem como um sistema possível, sem que nenhum processo correspondente tenha sido *realizado.* O processo textual é *virtual.* Esta observação obriga-nos a definir a *realização.*

Chamaremos de *universal* uma operação com um resultado dado se se afirmar que ela pode ser efetuada sobre não importa qual objeto, e chamaremos suas resultantes de *universais.* Pelo contrário, se se afirma que uma operação pode ser efetuada sobre um dado objeto, mas não sobre um outro objeto qualquer, dizemos que ela é *particular,* e suas resultantes serão *particulares.* Diremos então de uma classe que ela é *realizada* se ela puder tornar-se o objeto de uma *análise particular,* e que é *virtual* no caso contrário. Pensamos, com isso, ter obtido uma definição formal que nos libertará das obrigações metafísicas, e que fixará, de modo necessário e suficiente, aquilo que entendemos por *realização*.

Se existir apenas uma língua (sistema), prevista como possível pela teoria, mas nenhum texto (processo) correspondente, natural ou elaborado pelo teórico a partir de um tal sistema, pode-se afirmar a possibilidade da existência de tais textos, mas não se pode fazer deles o objeto de uma análise particular. Diremos, neste caso, que o texto é virtual. Mas um texto, ainda que puramente virtual, pressupõe um sistema lingüístico realizado, no sentido da definição. De um ponto de vista realista, esta situação provém do fato de que um processo tem um caráter mais "concreto" do que um sistema, e um sistema um caráter mais "fechado" do que um processo.

Com base na análise detalhada das funções introduzidas no Cap. 9, concluiremos apresentando um quadro esquemático das espécies de funções que previmos [3]:

função		relação (conexão)	correlação (equivalência)
coesão	determinação	seleção	especificação
	interdependência	solidariedade	complementaridade
reciprocidade	constelação	combinação	autonomia

---

3. O emprego dos símbolos glossemáticos para as diferentes funções é ilustrado pelos seguintes exemplos, nos quais a e b representam um termo qualquer, v uma variável e c uma constante: FUNÇÃO: $a\ \varphi\ b$; RELAÇÃO: $a\ R\ b$; CORRELAÇÃO: $a : b$; DETERMINAÇÃO: $v \longrightarrow c$ ou $c \longleftarrow v$; SELEÇÃO: $v \to c$ ou $c \leftarrow v$; ESPECIFICAÇÃO: $v\ |-c$ ou $c-|\ v$; INTERDEPENDÊNCIA: $c \leftrightarrow c$; SOLIDARIEDADE: $c \sim c$; COMPLEMENTARIDADE: $c \perp c$; CONSTELAÇÃO: $v\ |\ v$; COMBINAÇÃO: $v - v$; AUTONOMIA: $v \dagger v$. Naturalmente, o número de termos não se limita a dois.

12. Signos e Figuras

Há uma particularidade a ser observada a respeito das grandezas que resultam de uma dedução; diremos, provisoriamente, que uma frase pode ser composta por uma única proposição e uma proposição por uma única palavra. Esta característica encontra-se nos textos mais variados. Com o imperativo latino i, "vá !", ou a interjeição portuguesa *ah* temos uma grandeza que se pode considerar ao mesmo tempo como uma frase, uma proposição e uma palavra. Neste caso, encontramos também uma sílaba que compreende uma única parte de sílaba (uma parte central, cf. Cap. 9). Devemos levar em conta essa possibilidade ao preparar a análise. Para tanto, convém introduzir uma "regra de transmissão" que impedirá a análise ulterior de uma dada grandeza num estágio prematuro do procedimento e que permitirá que certas grandezas passem intatas de um estágio para outro em dadas condições, enquanto que grandezas de mesmo grau serão submetidas à análise.

Em cada divisão particular poderemos fazer o inventário das grandezas que contraem as mesmas relações, isto é, que podem ocupar um único e mesmo "lugar" na cadeia. Podemos, por exemplo, fazer o inventário de todas as proposições que poderiam ser intercaladas no lugar de uma dada proposição. Em certas condições, isso poderia conduzir ao inventário de todas as proposições principais e de todas as proposições subordinadas. É possível, do mesmo modo, proceder ao inventário de todas as palavras, de todas as sílabas e de todas as partes de sílabas que tenham determi-

48 PROLEGÔMENOS A UMA TEORIA DA LINGUAGEM

nadas funções. Em certas condições, isso poderia conduzir ao inventário de todas as partes de sílabas centrais. A exigência da exaustividade torna necessário levantar tais inventários; isso permitirá registrar uma função de um tipo particular entre as grandezas que podem ocupar um único e mesmo lugar na cadeia.

Quando são comparados os inventários assim obtidos nos diferentes estágios da dedução, é notável ver que o número deles diminui à medida que o procedimento de análise avança. Se o texto é ilimitado, isto é, se for possível acrescentar-lhe algo constantemente, como é o que acontece com uma língua viva, pode-se registrar um número ilimitado de frases, de proposições e de palavras. Cedo ou tarde, no curso da dedução, encontra-se no entanto um ponto em que o número das grandezas inventariadas é limitado, e a partir daí, em termos gerais, ele diminui. No entanto, parece certo que uma língua tem um número limitado de sílabas, ainda que esse número seja relativamente elevado. Se podemos dividir as sílabas em partes centrais e marginais, o número dos membros dessas classes será inferior ao número de sílabas da língua. Continuando a dividir as partes das sílabas, chega-se às grandezas que, na terminologia atual, denominam-se fonemas. Em todas as línguas, o número destes é tão pequeno que pode ser escrito com dois algarismos; em muitas línguas, esse número chega mesmo a baixar à casa dos 20.

Este fato, constatado indutivamente em todas as línguas observadas até aqui, está na base da invenção do alfabeto. De fato, se não houvesse inventários limitados, a teoria da linguagem não poderia esperar alcançar seu objetivo: tornar possível uma descrição simples e exaustiva do sistema que está por trás do processo textual. Se no decorrer da análise não fosse possível a existência de inventário limitado algum, não poderia haver descrição exaustiva. Do mesmo modo, quanto mais o inventário é restrito no último estágio da análise, melhor se atenderá à exigência de uma descrição simples feita pelo princípio do empirismo. É por isso que a teoria da linguagem atribui uma importância tão grande à possibilidade de uma execução apurada da idéia que, desde os tempos pré-históricos, presidiu a invenção da escrita: a idéia de fazer uma análise que conduza às grandezas de extensão mínima e em menor número possível.

As duas observações precedentes, que querem, de um lado, que uma grandeza possa às vezes ter a mesma extensão de uma grandeza de um outro grau (é o caso de $\bar{\imath}$) e, por outro lado, que os inventários se tornem cada vez mais limitados no decorrer do procedimento e que, de ilimitados no

SIGNOS E FIGURAS

início se tornem limitados, assumirão sua importância quando passarmos a considerar a linguagem como um *sistema de signos*.

O fato de que uma linguagem é um sistema de signos parece ser uma proposição evidente e fundamental que a teoria deve levar em consideração desde o início. Quanto ao sentido que se deve atribuir a esta proposição e, sobretudo, à palavra *signo*, é à teoria da linguagem que cabe decidir. Provisoriamente, devemos nos ater à definição tradicional, realista e imprecisa. Ela nos diz que um "signo" (ou, como diremos a fim de antecipar uma distinção terminológica que será introduzida mais tarde (Cap. 13), a *expressão de um signo*) é, de início e acima de tudo, signo *de* alguma outra coisa, particularidade que nos interessa desde logo pois parece indicar que um "signo" se define por uma função. Um "signo" funciona, designa, significa. Opondo-se a um não-signo, um "signo" é portador de uma significação.

Contentar-nos-emos com esta colocação inicial e tentaremos, sobre esta frágil base, decidir em que medida é verdadeira a proposição segundo a qual uma linguagem é um sistema de "signos".

Em seus estágios iniciais, a tentativa de análise de um texto parece confirmar plenamente esta proposição. Grandezas como as frases, as proposições e as palavras parecem preencher a condição imposta: elas veiculam uma significação e, portanto, são "signos"; os inventários que faremos no decorrer da análise nos conduzirão a um sistema de signos que está por trás do processo de signos. Aqui, mais uma vez, será interessante levar a análise tão longe quanto possível a fim de assegurar uma descrição ao mesmo tempo exaustiva e tão simples quanto possível. As palavras não são os signos últimos, irredutíveis, da linguagem, tal como podia deixá-lo supor o imenso interesse que a lingüística tradicional dedica à palavra. As palavras deixam-se analisar em partes que são igualmente portadoras de significações: radicais, sufixos de derivação e desinências flexionais. Em relação a este ponto, certas línguas vão mais longe que outras. A terminação latina *-ibus* não é decomponível em signos de extensão mais limitada, é um signo único que veicula ao mesmo tempo a significação do caso e a do número. A terminação húngara do dativo plural numa palavra como *magyaroknak* (de *mayar*, húngaro) é um signo composto formado por um signo *-ok*, que veicula a indicação do plural, e por um outro signo, *-nak*, que veicula a indicação do dativo. Esta análise não se vê afetada de modo algum pelo fato de existirem línguas desprovidas de sufixos de derivação e de desinências flexionais e pelo fato de que, mesmo nas línguas que os possuem, possam existir palavras que comportem apenas um radical. Uma vez que observamos que uma grandeza pode às vezes ser da mesma extensão de uma grandeza de grau superior, e deve então ser transmitida intata de operação para operação, este fato não mais nos deveria incomodar. Por esta razão, a análise tem o mesmo caráter neste caso e nos outros; ainda aqui, ela deve ser conduzida até o ponto em que se pode dizer que ela se esgotou. Deste modo, pode-se constatar que uma palavra inglesa como *in--act-iv-ate-s* podem-se distinguir cinco grandezas diferenciadas, cada uma veiculando uma significação, isto é, cinco signos.

No momento da apresentação de uma análise assim realizada, análise que aliás repousa em bases tradicionais, talvez não seja supérfluo observar que a "significação" atribuída a cada uma dessas grandezas mínimas deve ser compreendida como sendo puramente contextual. Nenhuma das grandezas mínimas, nem mesmo o radical, tem existência "independente" tal que se lhe possa atribuir significações lexicais. E, segundo o ponto de vista fundamental que adotamos de uma análise contínua à base das funções no texto, não existem significações reconhecíveis outras que não as significações contextuais. Toda grandeza, e por conseguinte todo signo, se define de modo relativo e não absoluto, isto é, unicamente pelo lugar que ocupa· no contexto. Portanto, torna-se absurdo distinguir entre as significações puramente contextuais e as que poderiam existir fora de todo contexto ou — no dizer dos velhos gramáticos chineses — entre palavras "vazias" e palavras "cheias". As significações ditas lexicais de certos signos são sempre apenas significações contextuais artificialmente isoladas ou parafraseadas. Considerados isoladamente, signo algum tem significação. Toda significação de signo nasce de um contexto, quer entendamos por isso um contexto de situação ou um contexto explícito, o que vem a dar no mesmo; com efeito, num texto ilimitado ou produtivo (uma língua viva, por exemplo), um contexto situacional pode sempre ser tornado explícito. É necessário, assim, abster-se de acreditar que um substantivo está mais carregado de sentido do que uma preposição, ou que uma palavra está mais carregada de significação do que um sufixo de derivação ou uma terminação flexional. Conforme o caso, pode tratar-se não apenas de significação diferente como também de diferentes tipos de significação; em todos os casos pode-se falar de significação com exatamente a mesma legitimidade relativa. O fato de que a significação, em seu sentido tradicional, é

SIGNOS E FIGURAS

uma noção imprecisa que teremos de analisar mais de perto em nada muda esta situação.

Ainda que se leve a análise das expressões de signos até o ponto em que é possível considerá-la como esgotada, a experiência indutiva mostra que, em todas as línguas conhecidas, chega-se a um estágio na análise da expressão em que as grandezas que surgem não mais veiculam significação e, portanto, não mais são expressões de signos. As sílabas e os fonemas não são expressões de signos, mas apenas partes das expressões de signos. O fato de que uma expressão de signo, palavra ou sufixo, pode consistir de uma única sílaba ou um único fonema não quer dizer que a sílaba e o fonema sejam expressões de signos. De um certo ponto de vista, o *s* de *in-act-iv-ate-s* é a expressão de um signo; de um outro ponto de vista, é um fonema. Os dois pontos de vista conduzem ao reconhecimento de dois objetos diferentes. Pode-se muito bem conservar a formulação segundo a qual a expressão de signo *s* compreende apenas um único fonema, mas isso seria coisa bem diferente do que o ato de identificar a expressão de signo com o fonema; com efeito, o fonema entra em outras combinações onde não aparece como expressão de signo (por exemplo, na palavra *sell*).

Tais considerações levam-nos ao abandono de uma tentativa de análise em "signos", e somos levados a reconhecer que uma descrição que esteja de acordo como nossos princípios deve analisar conteúdo e expressão separadamente, cada uma destas análises isolando finalmente um número limitado de grandezas que não são necessariamente suscetíveis de serem comparadas com as grandezas do plano oposto.

A economia relativa entre os inventários de signos e de não-signos responde inteiramente àquilo que é provavelmente a finalidade da linguagem. Segundo sua finalidade, uma linguagem é, antes de mais nada, um sistema de signos; a fim de preencher plenamente esta finalidade, ela deve ser sempre capaz de produzir novos signos, novas palavras e novas raízes. Contudo, além disso, e apesar dessa riqueza ilimitada, deve ser fácil de manejar, prática de aprender e de ser utilizada, o que, dada a exigência de uma quantidade ilimitada de signos, só é realizável se todos os signos forem formados com a ajuda de não-signos cujo número é limitado e, mesmo, extremamente reduzido. Tais não-signos que entram como partes de signos num sistema de signos serão denominados *figuras,* denominação puramente operacional que é cômodo introduzir. A linguagem, portanto, é tal que a partir de um número limitado de figuras, que podem sempre formar novos arranjos, pode construir um número ilimitado de signos. Uma língua que não fosse assim constituída não poderia preencher sua finalidade. Portanto, temos inteira razão de pensar que encontramos na construção de signos a partir de um número bem restrito de figuras um traço essencial e fundamental da estrutura da linguagem.

As línguas não poderiam ser descritas como simples sistemas de signos. A finalidade que lhes atribuímos por suposição faz delas, antes de mais nada, sistemas de signos; mas, conforme sua estrutura interna, elas são sobretudo algo de diferente: sistemas de figuras que podem servir para formar signos. A definição da linguagem como sistema de signos não resiste, portanto, a uma observação mais profunda. Esta definição só presta contas das funções externas da linguagem, das relações da língua com seus fatores extralingüísticos, e não de suas funções internas.

13. Expressão e Conteúdo

Até aqui, mantivemo-nos apegados à antiga tradição segundo a qual um signo é, antes de mais nada, signo *de* alguma coisa. Essa é a concepção corrente à qual nos conformamos, e é também uma concepção amplamente difundida em epistemologia e lógica. No entanto, queremos demonstrar agora que, do ponto de vista lingüístico, ela é insustentável; aliás, sob este aspecto estamos de acordo com as teorias lingüísticas modernas.

Segundo a teoria tradicional, o signo é a *expressão* de um *conteúdo* exterior ao próprio signo; pelo contrário, a teoria moderna (formulada em particular por F. de Saussure e, a seguir, por Leo Weisberger[1]) concebe o signo como um todo formado por uma expressão e um conteúdo.

É o critério de adequação que deve decidir sobre a escolha entre as duas concepções. Para tanto, deixaremos, por ora, de falar em signos pois, não sabendo o que são, procuramos defini-los, a fim de falar daquilo cuja existência constatamos, isto é, a *função semiótica,* situada entre duas grandezas: *expressão* e *conteúdo.* É partindo dessa consideração fundamental que poderemos decidir se é adequado considerar a função semiótica como uma função externa ou interna da grandeza que chamamos de signo.

Adotamos os termos *expressão* e *conteúdo* para designar os funtivos que contraem a função em questão, a função

---

1. WEISBERGER, Leo. *Germanish-romanishe Monatsschrift,* 1927, XV, p. 161 e s. *idem, Indogermanishe Forschungen,* 1928, XXXVI, p. 310 e s.; *idem Muttersprache und Geistesbildung,* Göttingen, 1929.

54 PROLEGÓMENOS A UMA TEORIA DA LINGUAGEM

semiótica; esta é uma concepção puramente operacional e formal e, nesta ordem de idéias, nenhum outro significado é atribuído aos termos *expressão* e *conteúdo*.

Sempre haverá solidariedade entre uma função e (a classe de) seus funtivos: não se pode conceber uma função sem seus termos que não passam, estes, de pontos extremos dessa função e, por conseguinte, inconcebíveis sem ela. Se uma única e mesma grandeza contrai alternativamente diversas funções diferentes, e parece poder ser concebida como selecionada por essas funções, mesmo assim não se tem aí um único funtivo mas sim vários, que se transformam em objetos diferentes segundo a função a partir da qual são considerados. De um outro ponto de vista, isso não impede que se possa falar de "mesma" grandeza, por exemplo quando se consideram as funções que dela participam (que são contraídas por suas partes) e a estabelecem. Se várias séries de funtivos contraem uma única e mesma função, isso quer dizer que há solidariedade entre a função e o conjunto desses funtivos; conseqüentemente, cada funtivo seleciona a função.

Também há solidariedade entre a função semiótica e seus dois funtivos: expressão e conteúdo. Não poderá haver função semiótica sem a presença simultânea desses dois funtivos, do mesmo modo como nem uma expressão e seu conteúdo e nem um conteúdo e sua expressão poderão existir sem a função semiótica que os une.

A função semiótica é, em si mesma, uma solidariedade: expressão e conteúdo são solidários e um pressupõe necessariamente o outro. Uma expressão só é expressão porque é a expressão de um conteúdo, e um conteúdo só é conteúdo porque é conteúdo de uma expressão. Do mesmo modo, é impossível existir (a menos que sejam isolados artificialmente) um conteúdo sem expressão e uma expressão sem conteúdo. Se se pensa sem falar, o pensamento não é um conteúdo lingüístico e não é o funtivo de uma função semiótica. Se se fala sem pensar, produzindo séries de sons sem que aquele que os ouve possa atribuir-lhes um conteúdo, isso será um abracadabra e não uma expressão lingüística, e tampouco será o funtivo de uma função semiótica. Evidentemente, não se deve confundir ausência de conteúdo com ausência de sentido: o conteúdo de uma expressão pode perfeitamente ser caracterizado como desprovido de sentido de um ponto de vista qualquer (por exemplo, o da lógica normativa ou do fisicalismo) sem com isso deixar de ser um conteúdo.

Se se deixasse na análise do texto, de considerar a função semiótica, não se poderia delimitar os signos, e não se

EXPRESSÃO E CONTEÚDO

poderia de modo algum proceder a uma descrição exaustiva do texto — e, por conseguinte, tampouco uma descrição empírica no sentido que aqui lhe atribuímos — respeitando as funções que o estabelecem (cf. Cap. 9). Em suma, não teríamos um critério objetivo que pudesse ser utilizado como base para a análise.

Com o objetivo de precisar a natureza da função semiótica, Saussure aventurou-se a considerar a expressão e o conteúdo, tomados separadamente, sem se ocupar com a função semiótica. Eis ao que ele chegou:

> Considerado em si mesmo, o pensamento é como uma nebulosa onde nada está necessariamente delimitado. Não há idéias preestabelecidas, e nada se distingue antes do aparecimento da língua... A substância fônica não é nem mais fixa nem mais rígida; não é um molde cujas formas o pensamento deva necessariamente tomar, mas sim uma matéria plástica que se divide, por sua vez, em partes distintas a fim de fornecer os significantes de que o pensamento necessita. Portanto, podemos representar (...) a língua (...) como uma série de subdivisões contíguas desenhadas simultaneamente no plano indefinido das idéias confusas (...) e no plano não menos indeterminado dos sons (...); a língua elabora suas unidades ao constituir-se entre duas massas amorfas (...) *esta combinação produz uma forma, não uma substância* [2].

Mas esta experiência pedagógica, por mais feliz que seja sua formulação, na realidade não tem sentido, e o próprio Saussure deve tê-lo imaginado. Numa ciência que evita qualquer postulado não necessário, nada autoriza que se faça preceder a língua pela "substância do conteúdo" (pensamento) ou pela "substância da expressão" (cadeia fônica) ou o contrário, quer seja numa ordem temporal ou numa ordem hierárquica. Se conservamos a terminologia de Saussure, temos então de nos dar conta — e justamente a partir de seus dados — de que a substância depende exclusivamente da forma e que não se pode, em sentido algum, atribuir-lhe uma existência independente.

Uma experiência que, contrariamente, parece justificada, consiste em comparar diferentes línguas e daí extrair, a seguir, aquilo que há de comum em todas elas, seja qual for o número de línguas que se esteja considerando. Se se procede a uma abstração do princípio de estrutura propriamente dito, que comporta a função semiótica e todas as funções que dela se pode deduzir — princípio que, enquanto tal, é naturalmente comum a todas as línguas, mas cuja execução é diferente em cada uma delas — descobre-se que esse fator comum é uma grandeza que só se define pela função que a une ao princípio de estrutura da língua e a todos os

---

2. SAUSSURE, F. de. *Cours*. 2. ed., pp. 155-157.

56 PROLEGÔMENOS A UMA TEORIA DA LINGUAGEM

fatores que fazem com que as línguas se distingam umas das outras. A este fator comum chamaremos *sentido*. Podemos ver assim que, em diferentes línguas, as cadeias,

jeg véd det ikke	(dinamarquês)
I do not know	(inglês)
je ne sais pas	(francês)
en tiedä	(filandês)
naluvara	(esquimó)

apesar de todas as diferenças, têm um fator comum: o sentido, o mesmo pensamento que, assim considerado, apresenta-se provisoriamente como uma massa amorfa, uma grandeza não analisada, definida apenas por suas funções externas, isto é, por sua função contraída com cada uma das proposições citadas. Seria possível pensar que o sentido é analisável a partir de vários pontos de vista, e que análises diferentes podem fazê-lo surgir como outros tantos objetos diferentes. Seria possível, por exemplo, analisá-lo de um ponto de vista lógico qualquer ou de um ponto de vista psicológico qualquer. Percebe-se que ele deve ser analisado de um modo particular em cada uma dessas línguas, coisa que só podemos compreender do seguinte modo: o sentido é ordenado, articulado, formado de modo diferente segundo as diferentes línguas:

em dinamarquês, tem-se inicialmente *jeg* (eu), a seguir *véd* (sei — presente do indicativo), a seguir um objeto, *det* (o) e enfim a negação, *ikke;*

em inglês, tem-se de início "eu", a seguir um conceito verbal que não tem existência autônoma na proposição dinamarquesa, a seguir a negação e finalmente o conceito "saber" (mas nada que corresponda a "sei", e nenhum objeto);

em francês, tem-se de início *eu* seguido por uma espécie de negação (que, no entanto, é algo bem diferente das negações dinamarquesa e inglesa, pois nem sempre ela tem o sentido de negação), a seguir *sei* e um outro signo curioso que é às vezes chamado de negação mas que também pode significar "um passo"; tal como em inglês, não há objeto;

em finlandês, vem de início um verbo que significa "eu-não" (ou, mais exatamente, "não-eu", com o signo para "eu" vindo em segundo lugar; nesta língua, a negação é um verbo que assume as marcas da pessoa e do número: *en* "eu-não", *et* "tu-não", *ei* "ele-não", *emme* "nós-não" etc.), a seguir o conceito "saber" sob uma forma que pode significar o imperativo em outras combinações; aqui ainda não há objeto;

em esquimó, tem-se "não-sabendo-sou-eu-isso", isto é, um verbo derivado de *nalo* "ignorância" com sufixos de primeira pessoa, sujeito, e de terceira pessoa, objeto [3].

Vemos, portanto, que o sentido "não-formado" que se pode extrair dessas cadeias lingüísticas assume uma forma de modo diferente em cada língua. Cada uma dessas línguas estabelece suas fronteiras na "massa amorfa do pensamento" ao enfatizar valores diferentes numa ordem diferente, coloca o centro de gravidade diferentemente e dá aos centros de gravidade um destaque diferente. É como os grãos de areia que provêm de uma mesma mão e que formam desenhos diferentes, ou ainda como a nuvem no céu que, aos olhos de Hamlet, muda de forma de minuto a minuto. Assim como os mesmos grãos de areia podem formar desenhos dessemelhantes e a mesma nuvem pode assumir constantemente formas novas, do mesmo modo é o mesmo sentido que se forma ou se estrutura diferentemente em diferentes línguas. São apenas as funções da língua, a função semiótica e aquelas que dela decorrem, que determinam sua forma. O sentido se torna, a cada vez, substância de uma nova forma e não tem outra existência possível além da de ser substância de uma forma qualquer.

Portanto, constatamos no *conteúdo* lingüístico, em seu processo, uma *forma* específica, a *forma do conteúdo,* que é independente do *sentido* com o qual ela se mantém numa relação arbitrária e que ela transforma em *substância do conteúdo.*

Vê-se, sem dificuldade, que isso é igualmente válido para o *sistema* do conteúdo. Pode-se dizer que um paradigma numa língua e um paradigma correspondente numa outra língua podem abranger uma mesma zona de sentido que, destacada dessas línguas, constitui um contínuo amorfo e não analisável no qual as fronteiras se colocam apenas através da formação das línguas.

Por trás dos paradigmas que, nas diferentes línguas, são formados pelas designações de cores, podemos, por subtração das diferenças, isolar um tal contínuo amorfo: o espectro das cores no qual cada língua estabelece arbitrariamente suas fronteiras. Enquanto que essa zona de sentido se

---

3. Fizemos abstração do fato de que o mesmo sentido também pode, em algumas dessas línguas, assumir a forma de cadeias lingüísticas bastante diferentes: em francês *je l'ignore*, em esquimó *asuk* ou *asukiak* (derivado de *aso* que significa mais ou menos "basta!").

forma, no todo, mais ou menos do mesmo modo nas principais línguas da Europa moderna, não é difícil encontrar em outros lugares formações diferente. Em galês, "verde" é em parte *gwyrdd* e em parte *glas*, "azul" corresponde a *glas*, "cinza" é ora *glas*, ora *llwyd*, "marrom" corresponde a *llwyd;* o que significa que o domínio do espectro recoberto pela palavra portuguesa *verde* é, em galês, atravessado por uma linha que leva uma parte desse mesmo domínio para o domínio coberto pelo português *azul*, e que a fronteira que a língua portuguesa traça entre verde e azul não existe em galês; a fronteira que separa azul e cinza também lhe falta, assim como aquela que, em português, opõe cinza e marrom; em compensação, o domínio representado em português por cinza é, em galês, dividido em dois, de tal modo que a metade se relaciona com a zona do português azul e a outra metade à do marrom. Um quadro esquemático permite perceber de imediato a não concordância entre as fronteiras:

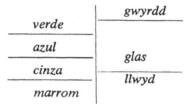

Também o latim e o grego são, neste domínio, diferentes das principais línguas européias modernas. A gama de "claro" para "escuro" que, em várias línguas, se divide em três regiões: *branco, cinza, preto*, é dividida, em outras línguas, num número diferente de regiões, seja pela supressão da região média cinza, seja, pelo contrário, por uma subdivisão mais detalhada dessa mesma zona.

Os paradigmas dos morfemas fazem surgir uma situação semelhante. A zona do número é analisada de diferentes maneiras, conforme as línguas distingam apenas um singular e um plural ou conforme acrescentam a estes um dual (como o grego antigo e o lituano) ou mesmo um paucal, quer se trate apenas de um trial (como na maioria das línguas da Melanésia, em Saŋir, língua indonésia ocidental falada nas ilhas entre Mindanao e Celebes, e em certos dialetos do kulin, língua do sul da Austrália) ou um quadral (como na língua micronésia das ilhas Gilbert). A zona temporal é analisada de modo diferente, de um lado nas línguas que (com exceção das perífrases) têm apenas um pretérito e um presente (como o dinamarquês) e onde o presente cobre o domínio daquilo que é futuro em outras línguas e, de outro lado, nas línguas que estabelecem uma fronteira entre o presente e o futuro; a formação é ainda diferente nas línguas que, (como o latim, grego antigo e português) distinguem várias formas de pretérito.

Esta ausência de concordância no interior de uma mesma zona de sentido encontra-se em toda parte. Compare-se, por exemplo, as seguintes correspondências entre o dinamarquês, o alemão e o francês:

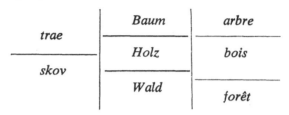

Podemos disto concluir que a função semiótica institui uma forma em um de seus funtivos, a saber o conteúdo, a *forma do conteúdo* que, do ponto de vista do sentido, é arbitrária, e explicável apenas pela função semiótica de que ela é manifestamente solidária. É neste sentido que Saussure tem razão, evidentemente, ao distinguir entre forma e substância.

Pode-se fazer a mesma observação a respeito do segundo funtivo da função semiótica, a expressão. Tal como a zona das cores e as zonas dos morfemas se subdividem diferentemente nas línguas uma vez que cada língua tem seu número de palavras para exprimir as cores, seu número de números, seu número de tempos etc., de tal modo que uma comparação das línguas faz surgir zonas no campo fônico, zonas que se subdividem diferentemente conforme as línguas. Pode-se pensar, por exemplo, num domínio fonético-fisiológico do qual se pode dar uma representação especial de várias dimensões, e que se apresenta como um contínuo não analisado mas analisável como, por exemplo, na base do sistema de fórmula "antalfabéticas" de Jespersen. Numa tal zona amorfa encaixam-se arbitrariamente figuras (fonemas) em número variável segundo as línguas, uma vez que as fronteiras se estabelecem em diferentes lugares do contínuo. É o que acontece como o contínuo definido pelo perfil mediano da parte superior da boca, da faringe aos lábios; nas línguas que nos são familiares, esta zona se subdivide em três regiões: uma região posterior *k*, uma região média *t* e uma região anterior *p*; se nos atemos às oclusivas, vemos no entanto que o esquimó e o letão distinguem duas regiões de *k* cuja fronteira é diferente nessas duas línguas. O esquimó situa-a entre uma região uvular e uma região velar, o letão entre uma região velar e uma região pa-

60 PROLEGÔMENOS A UMA TEORIA DA LINGUAGEM

lato-velar; inúmeras línguas hindus distinguem duas regiões
de *t*, uma retroflexa e uma dental etc. Um outro contínuo
evidente é fornecido pela zona vocálica. O número de
vogais varia de uma língua para outra, pois suas fronteiras são
estabelecidas de modo diverso. O esquimó distingue apenas uma região *i*, uma região *u* e uma região *a;* na maioria
das línguas, a primeira se decompõe em uma região *i* mais
estreita e uma região *e;* a segunda em uma região *u* mais
estreita e uma região *o;* em várias línguas, cada uma dessas
regiões pode ser abrangida por uma linha que separa as
vogais arredondadas (*y*, *∅; u, o*) das que não o são
(*i, e; w, ɤ*; estas últimas — curiosas vogais "opacas" que
são raras na Europa — podem ser encontradas por exemplo
no tamul, em várias línguas do Ural oriental e no rumeno);
com a mesma abertura que *i* e *u,* pode-se formar vogais
mediolinguais arredondadas, como no norueguês e em sueco
(*ʉ*) ou não arredondadas, como em russo (*i*). Graças
à extraordinária mobilidade da língua, as possibilidades que
a linguagem pode utilizar são infinitamente grandes, mas
permanece o fato característico de que cada língua coloca
suas próprias fronteiras no interior dessa infinidade de possibilidades.

Sendo manifestamente a mesma a situação para a
expressão e seu conteúdo, convém ressaltar este paralelismo
pelo uso de uma mesma terminologia para a expressão e
para o conteúdo. Seria possível assim falar de um *sentido
da expressão,* e nada impede de fazê-lo, embora isso seja
algo contrário ao habitual. Os exemplos citados, o perfil
mediano da parte superior da boca e o contínuo das vogais,
são assim zonas fonéticas de sentido que se formam diferentemente nas línguas conforme suas funções específicas, e que,
enquanto *substância* da expressão, ligam-se, através desse
fato, à sua *forma* da expressão.

Constatamos esse fenômeno em relação ao *sistema de*
expressão, mas podemos, como fizemos em relação ao conteúdo, demonstrar que o mesmo acontece com o *processo.*
A formação específica do sistema de uma dada língua produz naturalmente efeitos sobre o processo, em virtude da
simples coesão que existe entre o sistema e o processo.
Por um lado as fronteiras internas do sistema que não coin-
cidem de uma língua à outra; por outro lado, na cadeia, as
relações possíveis entre os fonemas (certas línguas, por
exemplo as da Oceânia e as africanas, não admitem grupos
consonantais; outras línguas só conhecem certos grupos
consonantais definidos, variáveis de uma língua para outra;
a posição do acento é regida por leis diferentes conforme as
línguas etc.) que fazem com que um *sentido da expressão*
não assuma a mesma *forma* nas diferentes línguas o inglês

EXPRESSÃO E CONTEÚDO 61

[bə:ˈlɪn], o alemão [bɛrˈli:n], o dinamarquês [bæʁˈliʔn], o japonês [bɛluɟinu] representam diversas formas de um mesmo e único sentido de expressão (o nome da cidade de Berlim). Evidentemente, é indiferente que o sentido do conteúdo seja também o mesmo, como acontece aqui. Poderíamos dizer, do mesmo modo, que a pronuncia do inglês *got,* do alemão *Gott* e do dinamarquês *godt* representam formações diferentes de um mesmo sentido de expressão. Neste exemplo, o sentido da expressão é o mesmo, mas o sentido do conteúdo é diferente, tal como em *je ne sais pas* e *I do not know* o sentido do conteúdo é o mesmo, enquanto que o sentido da expressão é diferente.

Aquele para quem o sistema de funções de uma língua dada (sua língua materna, por exemplo) é familiar forma nessa língua um sentido de conteúdo ou um sentido de expressão que ele percebeu. "Falar com um sotaque" é essencialmente formar um sentido de expressão conforme as condições funcionais sugeridas pela língua materna do elocutor.

Isto nos mostra que as duas grandezas que contraem a função semiótica, a expressão e o conteúdo, comportam-se de modo homogêneo em relação a ela: é em virtude da função semiótica, e apenas em virtude dela, que existem esses seus dois funtivos que se pode agora designar com precisão como sendo a forma do conteúdo e a forma da expressão. Do mesmo modo, é em razão da forma do conteúdo e da forma da expressão, e apenas em razão delas, que existem a substância do conteúdo e a substância da expressão, que surgem quando se projeta a forma sobre o sentido, tal como um fio esticado projeta sua sombra sobre uma superfície contínua.

Podemos agora voltar a nosso ponto de partida, a significação mais adequada da palavra *signo,* a fim de ver claro na controvérsia que opõe a lingüística tradicional à moderna. Parece justo que um signo seja signo de alguma coisa e que essa alguma coisa resida de algum modo fora do próprio signo; é assim que a palavra *bois* (madeira, lenha, bosque) é signo de um tal objeto determinado na paisagem e, no sentido tradicional, esse objeto não faz parte do signo. Ora, esse objeto da paisagem é uma grandeza relevante da substância do conteúdo, grandeza que, por sua denominação, liga-se a uma forma do conteúdo sob a qual ela se alinha com outras grandezas da substância do conteúdo, por exemplo a matéria de que é feita uma porta. O fato de que um signo é signo de alguma coisa significa, portanto, que a forma do conteúdo de um signo pode compreender essa alguma coisa como substância do

62 PROLEGÔMENOS A UMA TEORIA DA LINGUAGEM

conteúdo. Tal como antes sentíamos a necessidade de empregar a palavra *sentido* para a expressão tanto quanto para o conteúdo, também agora devemos, no desejo de esclarecer as coisas e a despeito da atitude consagrada cuja estreiteza de visão se torna evidente, inverter a orientação do signo. Dever-se-ia assim dizer que um signo é o signo de uma substância de expressão: a seqüência de sons [bwa] enquanto fato único pronunciado *hic et nunc,* é uma grandeza que pertence à substância da expressão que, em virtude apenas do signo, se liga a uma forma da expressão sob a qual é possível reunir outras grandezas de substância da expressão (outras pronúncias possíveis, por outros elocutores ou em outras ocasiões, do mesmo signo).

Por mais paradoxal que possa parecer, o signo é, portanto, ao mesmo tempo, signo de uma substância de conteúdo e de uma substância da expressão. É neste sentido que se pode dizer que o signo é signo de alguma coisa. Por outro lado, não há razão alguma para decidir que o signo é apenas o signo da substância de conteúdo ou (coisa que certamente ninguém ainda imaginou) apenas signo da substância da expressão. O signo é uma grandeza de duas faces, uma cabeça de Janus com perspectiva dos dois lados, com efeito nas duas direções: "para o exterior", na direção da substância da expressão, "para o interior", na direção da substância do conteúdo.

Toda terminologia é arbitrária e, portanto, nada pode impedir o emprego da palavra *signo* para designar mais particularmente a forma da expressão (ou mesmo, se se quiser, a substância da expressão, o que entretanto seria tão absurdo quanto inútil). Contudo, parece mais adequado utilizar a palavra signo para designar a unidade constituída pela forma do conteúdo e pela forma da expressão e estabelecida pela solidariedade que denominamos de função semiótica. Se o termo é empregado para designar apenas a expressão ou qualquer uma de suas partes, a terminologia, ainda que protegida por definições formais, corre o risco de provocar ou de favorecer, conscientemente ou não, o engano bastante difundido segundo o qual uma língua não passa de uma nomenclatura pura e simples, uma reserva de etiquetas destinadas a serem atribuídas a objetos preexistentes. Por sua natureza, a palavra signo será sempre ligada à idéia de um termo designado; é por isso que deve ser utilizada de tal maneira que a relação entre o signo e aquilo que ele designa seja posta em evidência do modo mais claro possível e não possa constituir-se em objeto de simplificações que a deformem.

A distinção entre a expressão e o conteúdo, e sua interação na função semiótica, são fundamentais na estrutura da linguagem. Todo signo, todo sistema de signo, toda língua enfim, abriga em si uma forma da expressão e uma forma do conteúdo. É por isso que a análise do texto deve conduzir, desde seu primeiro estágio, a uma divisão nessas duas grandezas. A fim de ser exaustiva, a análise deve ser realizada de tal modo que em cada estágio a divisão se faça em partes as mais extensas possíveis, isto é, partes em menor número possível, quer seja no interior da cadeia em sua totalidade ou no interior de qualquer uma de suas seções. Se um texto compreende, por exemplo, frases e proposições, pode-se mostrar que o número das proposições é mais elevado que o de frases. Portanto, não nos devemos aventurar de início a dividir o texto em proposições, mas sim dividi-lo em frases, e a seguir passar para a divisão em proposições. Se nos ativermos a esse princípio, descobriremos que no primeiro estágio um texto é sempre divisível em duas partes; este número extremamente pequeno garante-lhe uma extensão máxima, e são a *linha da expressão* e a *linha do conteúdo* que, através da função semiótica, são solidárias uma em relação à outra. Divide-se a seguir a linha da expressão e a linha do conteúdo, tomadas separadamente, levando-se necessariamente em conta sua interação no interior dos signos. Do mesmo modo, a primeira articulação do sistema da língua levará a que se estabeleçam seus dois paradigmas mais amplos: a *face da expressão* e a *face do conteúdo*. A fim de designar por um mesmo termo de um lado a *linha da expressão* e a *face da expressão* e, do outro lado, a *linha do conteúdo* e a *face do conteúdo*, escolhemos respectivamente os termos *plano da expressão* e *plano do conteúdo* (escolhemos esses termos conforme a formulação de Saussure que citamos anteriormente: "o plano (. . .) das idéias (. . .) e (. . .) o (. . .) dos sons").

No decorrer da análise, este modo de proceder traz simultaneamente clareza e simplificação, ao mesmo tempo em que ilumina com uma luz até aqui desconhecida todo o mecanismo da língua. Partindo desse ponto de vista, será fácil organizar os domínios secundários da lingüística segundo um esquema judicioso e superar de uma vez por todas a subdivisão atual da gramática em fonética, morfologia, sintaxe, lexicografia e semântica, subdivisão pouco satisfatória, claudicante sob vários aspectos e cujos domínios em parte se sobrepõem. Uma vez realizada, a análise mostra além do mais que o plano da expressão e o do conteúdo podem ser descritos, exaustivamente e não contraditoriamente, como construídos de modo inteiramente análogo, de modo que se pode prever nos dois planos categorias definidas de modo inteiramente idêntico. Isso só fará confirmar novamente a correção da concepção segundo a qual expressão e conteúdo são grandezas da mesma ordem, iguais sob todos os aspectos.

Os próprios termos *plano da expressão* e *plano do conteúdo* e, de modo mais geral, *expressão* e *conteúdo*, foram escolhidos conforme o uso corrente e são inteiramente arbitrários. Através de sua definição funcional é impossível sustentar que seja legítimo chamar uma dessas grandezas de *expressão* e a outra de *conteúdo,* e não o contrário. Elas só se definem como solidárias uma em relação à outra, e nem uma nem outra podem ser definidas de modo mais exato. Consideradas em separado, só é possível defini-las por oposição e de modo relativo, como funtivos de uma mesma função que se opõem um ao outro.

14. Invariantes e Variantes

Estas considerações sobre a estrutura do signo são indispensáveis a uma elaboração mais detalhada da análise, e mais particularmente ao reconhecimento das figuras de que se compõe um signo lingüístico (cf. Cap. 12). Em cada estádio da análise é necessário inventariar as grandezas que contraem as relações homogêneas (cf. Cap. 12). A fim de atender ao princípio de empirismo (cf. Cap. 3), este registro do inventário deve ser exaustivo e o mais simples possível; é necessário atender a esta exigência em cada fase, entre outras razões porque não se pode saber antecipadamente se uma dada fase é a última. Mas esta exigência tem uma dupla importância na última fase da análise, pois aí se reconhecem as grandezas últimas que constituem a base do sistema, e a partir das quais deve-se poder demonstrar que todas as outras grandezas da língua são construídas. É importante, não apenas para a simplicidade do resultado da última operação como também para a simplicidade dos resultados de toda a análise, que essas grandezas básicas sejam em menor número possível.

Formularemos esta exigência em dois princípios: *o princípio de economia* e o *princípio de redução*, ambos deduzidos do princípio de simplicidade (cf. Cap. 6).

Princípio de economia: A descrição é feita conforme um procedimento que deve ser organizado de modo tal que o resultado seja o mais simples possível, devendo deter-se a descrição quando ela não mais conduz a uma ulterior simplificação.

66   PROLEGÔMENOS A UMA TEORIA DA LINGUAGEM

Princípio de redução: *Cada operação do procedimento deve ser continuada ou repetida até que a descrição se esgote, e deve cada fase, conduzir ao registro dos objetos cujo número é o menor possível.*

As grandezas inventariadas em cada fase da análise serão denominadas *elementos*. No que diz respeito à própria análise, podemos dar uma *formulação mais precisa do princípio de redução*:

Toda análise (ou todo complexo de análises) na qual se registram funtivos com uma dada função como base da análise deve ser organizada de modo tal que conduza ao registro de elementos em menor número possível.

A fim de satisfazer a esta exigência, deve-se dispor de um método que permita, em condições fixadas com exatidão, *reduzir* duas grandezas a uma única grandeza ou, como se diz mais freqüentemente, que permita *identificar* duas grandezas uma com a outra [1]. Seja um texto dividido em frases que são divididas em proposições, divididas estas, por sua vez, em palavras; se se levantar um inventário em cada divisão, sempre se poderá constatar que em várias partes do texto há a "mesma" frase, a "mesma" proposição, a "mesma" palavra: pode-se portanto dizer que cada frase, cada proposição e cada palavra surgem em vários exemplares. Diremos que são *variantes* de grandezas que são, estas, *invariantes*. De resto, vê-se imediatamente que as funções, assim como as grandezas, também têm variantes, de modo que a distinção entre variante e invariantes é válida para os funtivos em geral. Em cada fase da análise devemos poder inferir das variantes para as invariantes por meio de um método especialmente concebido que fixe os critérios necessários para uma tal redução.

Quando se trata de invariantes do grau superior do plano da expressão, ou seja, daquilo que se denomina de fonemas da língua falada nas teorias até aqui admitidas, a lingüística moderna prestou uma certa atenção a esta questão e tentou elaborar um tal método de redução. Na maioria dos casos, ficou-se no entanto numa definição realista e mais ou menos vaga do fonema que não fornece critério objetivo algum aplicável em caso de dúvida. Esforços pre-

---

1. Sob sua última forma, a teoria pressupõe, a respeito, uma análise aprofundada do conceito de *identidade lingüística*. Isto foi tratado a partir de vários pontos de vista em textos recentes (por exemplo, por F. DE SAUSSURE, *Cours*, 2. ed., p. 150 e s., e na base da hierarquia dos tipos de Russell, por A. PENTTILÄ (*Actes du IV Congrès international de linguistes*, Copenhague, 1938, p. 160 e s.) de acordo com U. SAARNIO, Untersuchungen zur symbolischen Logik (*Acta philosofica Fennica* I, Helsinfors, 1935); e por PENTTILÄ e SAARNIO em *Erkenntnis IV*, 1934, p. 28 e s.). Os resultados provisórios que foram obtidos bastam para mostrar como é difícil chegar ao método através de definições formais, e que é mais simples consegui-lo por meio do conceito de *redução*. Portanto, é possível aqui deixar de lado o problema da identidade como uma complicação supérflua.

INVARIANTES E VARIANTES

cisos foram feitos por duas escolas para tentar elaborar um método objetivo de redução: a escola de Londres, ao redor de Daniel Jones, e a escola de fonologia oriunda do Círculo de Praga, animada pelo pranteado N. S. Trubetzkoy. Os métodos de redução que elas elaboraram demonstram ao mesmo tempo uma semelhança característica e uma diferença interessante.

A semelhança consiste no fato de que nenhuma das duas escolas reconhece que a condição necessária para o estabelecimento de um inventário é uma análise funcional do texto. O método é indutivo (cf. Cap. 4), ele considera que o dado é uma massa de sons que se trata de agrupar em classes de sons denominados fonemas. Em princípio, este agrupamento deve portanto ser feito sem levar em conta os paradigmas que compõem os sons. Por uma curiosa inconseqüência, as duas escolas partem, não obstante, de uma análise sumária do inventário dos sons da língua em categorias ao tratar das vogais e das consoantes cada uma de um lado mas, uma vez que vogais e consoantes não constituem categorias definidas por funções lingüísticas, procura-se defini-las por meio de premissas não lingüísticas (fisiológicas e físicas). Pelo contrário, antes do começo da operação, nem a categoria das vogais nem a das consoantes é analisada em subcategorias na base de relações (ou seja, segundo seu "lugar" na sílaba).

Esta semelhança entre as duas escolas nada tem de surpreendente, pois o método dedutivo que esboçamos (cf. Cap. 4) até o momento não foi praticado em lingüística.

Pelo contrário, não é pequeno o interesse metodológico que provoca a diferença entre os procedimentos das duas escolas. Ambas estão de acordo quanto a ver algo de característico no fato de que os fonemas, contrariamente às variantes, têm uma função *distintiva*: a troca de um fonema por outro fonema pode provocar uma diferença de conteúdo (por exemplo, *tal — til*), enquanto que o mesmo não acontece se se troca uma variante por uma outra variante do mesmo fonema (por exemplo, duas pronúncias diferentes, uma aberta e a outra fechada, do *a* de *tal*). Os fonólogos de Praga baseiam sua definição neste critério, dizendo que uma oposição entre fonemas é uma oposição distintiva [2]. A escola de Londres segue um outro caminho. D. Jones ressalta, é verdade, que os fonemas são distintivos, mas recusa-se a incluir este traço na definição do fonema porque existem oposições de fonemas que são

---

2. *Actes du I Congrès international de linguistes.* Leiden. p. 33. *Travaux du Cercle linguistique de Prague IV.* 1931. p. 311. Trubetzkoy, N. S. Grundzüge der Phonologie (*Travaux du Cercle linguistique de Prague VII,* 1939, p. 30).

68 PROLEGÔMENOS A UMA TEORIA DA LINGUAGEM

suscetíveis de provocar uma diferença de conteúdo, com os fonemas em questão não podendo em caso algum ser trocados numa mesma palavra, isto é, num mesmo "lugar" da cadeia; é o que acontece com *h* e *ŋ* em inglês [3]. Esta dificuldade provém do fato de que a teoria de Jones não reconhece que os fonemas podem-se opor pelo simples fato de pertencerem a categorias diferentes (exceção feita à diferença entre vogais e consoantes). Não se considera como critério distintivo suficiente o fato de que *h* e *ŋ*, que só podem ser respectivamente inicial e final numa sílaba, encontram-se, cada um por seu lado, em oposição distintiva com outros fonemas que podem ocupar o mesmo "lugar" (*hat — cat, sing — sit*). É por esta razão que a escola de Londres procura abstrair o caráter pertinente da função distintiva para basear-se — pelo menos em teoria — no "lugar" do fonema, de modo que dois sons que podem ocupar o mesmo "lugar" pertencem sempre a dois fonemas diferentes [4]. No entanto, é evidente que este procedimento cria novas dificuldades, uma vez que as variantes também podem aparecer no mesmo "lugar" (como em *tal, a* fechado e *a* aberto). A fim de eliminar esta dificuldade, é necessário então introduzir ao lado do fonema o conceito de *varifone,* cujos relacionamentos com o fonema não são muito claros. Como todo novo exemplar de um fonema é necessariamente uma nova variante, cada fonema terá variantes num mesmo "lugar": segue-se que todo fonema deve ser um *varifone.* Todavia, parece que, embora isso não esteja explicitamente expresso, não se pode conceber que os *varifones* diferem entre si a não ser através de sua oposição distintiva [5].

A tentativa da escola de Londres de libertar-se da noção de oposição distintiva é instrutiva. Ela foi sem dúvida realizada na esperança de encontrar um fundamento mais seguro na fonética pura e a fim de evitar que com isso se recorresse a uma análise de conteúdo onde a distinção entre diferenças e semelhanças corre o risco de ser perigosa porque o método de análise está, nesse ponto, menos desenvolvido e uma vez que os critérios objetivos parecem, aí, ser mais difíceis de alcançar. Visivelmente se teve a mesma sensação no Círculo de Praga, uma vez que se pretendeu ater-se àquilo que se denomina de "diferenciação das significações intelectuais". Mas o Círculo de Praga indubita-

---

3. JONES, D. *Travaux du Cercle linguistique de Prague IV*. 1931. p. 77 e s.

4. JONES, D. *Le maître phonétique*. 1929. p. 43 e s. *Travaux du Cercle linguistique de Prague IV*. p. 74 e s.

5. JONES, D. Proceedings of the International Congress of Phonetic Sciences. (*Archives néerlandaises de phonétique expérimentale VIII-IX*, 1933). p. 23.

INVARIANTES E VARIANTES 69

velmente teve razão ao conservar o critério distintivo como traço pertinente. A tentativa da Escola de Londres ilustra as dificuldades insuperáveis que não deixam de surgir se esse traço é negligenciado. A afirmação desse princípio é o mérito principal do Círculo de Praga ainda que, por outro lado, se deva fazer sérias reservas a respeito de todos os pontos da teoria e da prática daquilo que se chama de fonologia.

A experiência que se tem dos métodos de redução já tentados parece mostrar que é necessário considerar o fator distintivo como pertinente para o registro das invariantes e para a distinção entre invariantes e variantes. Encontra-se uma diferença entre invariantes no plano da expressão quando aí se encontra uma correlação (por exemplo, entre *a* e *i* em *tal* — *til*) à qual corresponde uma correlação no plano do conteúdo. Esta relação é a conseqüência imediata da função semiótica, da solidariedade entre a forma da expressão e a forma do conteúdo.

Portanto, certas pesquisas da lingüística tradicional se aproximaram, nestes últimos tempos, do reconhecimento deste fato; mas isto só foi feito em termos sérios no que diz respeito às figuras do plano da expressão. Entretanto, para a compreensão da estrutura da língua assim como para a elaboração da análise, é extremamente importante ver que esse princípio deve ser igualmente estendido a todas as outras invariantes da língua, seja qual for o grau ou o lugar que ocupam no sistema. É válido para todas as grandezas da expressão, seja qual for sua extensão, e não apenas para as grandezas mínimas; e também é válido tanto para o plano do conteúdo quanto para o plano da expressão. Na realidade, isto é apenas a conseqüência lógica do reconhecimento do princípio para as figuras da expressão.

Se, em vez de considerar as figuras, se consideram agora os signos — não um signo isolado, mas dois ou mais signos em correlação mútua — ver-se-á que sempre há uma relação entre uma correlação da expressão e uma correlação do conteúdo. A ausência de uma tal relação é exatamente a prova do fato de que se está na presença não de dois signos diferentes mas, sim, de duas variantes do mesmo 'signo. Se, trocando duas expressões de proposições, se provoca com isso uma troca correspondente entre dois conteúdos de proposição diferentes, tem-se duas proposições diferentes na expressão e, no caso contrário, em que se obtêm duas variantes de proposições na expressão, dois exemplares diferentes de uma e mesma expressão de uma proposição. O mesmo acontece com as expressões de palavras e as expressões de todos os signos, e igualmente com

70   PROLEGÔMENOS A UMA TEORIA DA LINGUAGEM

as figuras, seja qual for sua extensão, por exemplo: as sílabas. A diferença entre os signos e as figuras reside, apenas, sob este ponto de vista, no fato de que quando se tratar de signos será sempre a mesma diferença de conteúdo que será provocada por uma mesma diferença de expressão, enquanto que, para as figuras, uma mesma diferença de expressão poderá provocar, conforme o caso, substituições diferentes entre as grandezas do conteúdo (como por exemplo *tal — til, bom — bem, mil — mel*).

Além do mais, a relação constada é reversível, no sentido em que a distinção entre invariantes e variantes, no plano do conteúdo, deve ser efetuada segundo o mesmo critério: só existem duas variantes diferentes de conteúdo se a correlação entre elas tem uma relação com uma correlação da expressão. Na prática, há portanto duas invariantes distintas de conteúdo se sua troca pode acarretar uma troca correspondente no plano da expressão. Este fato é particularmente evidente quando se trata de signos: quando, por exemplo, a troca de duas expressões de proposições acarreta uma troca de dois conteúdos de proposições, a troca de dois conteúdos acarretará também uma troca das duas expressões de proposições; é o mesmo fenômeno, visto simplesmente do lado oposto.

Segue-se inevitavelmente que, graças a esta prova da troca deve-se poder, tanto no plano do conteúdo quanto no da expressão, registrar figuras que compõem os conteúdos de signos. Tal como no plano da expressão, a existência de figuras será aí apenas uma conseqüência lógica da existência dos signos. É por isso que se pode prever com certeza que uma tal análise é possível. Aliás, é necessário acrescentar de imediato que é extremamente importante levá-la a cabo, pois é essa a condição necessária de uma descrição exaustiva do conteúdo. Uma tal descrição pressupõe que os signos — que são em número ilimitado — também são suscetíveis, no que diz respeito ao seu conteúdo, de serem explicados e descritos com a ajuda de um número limitado de figuras. A exigência de redução é aqui a mesma que se aplica ao plano da expressão: quando mais reduzido for o número de figuras do conteúdo, mais é possível satisfazer à exigência da descrição mais simples possível do princípio de empirismo.

Uma tal análise do conteúdo em figuras não foi realizada e nem mesmo tentada na lingüística até hoje, embora a análise correspondente em figuras da expressão seja tão antiga quanto a invenção da escrita alfabética (para nãc dizer mais antiga: a invenção do alfabeto pressupõe, com efeito, uma tal análise da expressão). Esta inconseqüência

INVARIANTES E VARIANTES

teve os resultados mais funestos: confrontado com o número ilimitado de signos, viu-se na análise do conteúdo uma tarefa insolúvel, um trabalho de Sísifo, um cume que nunca poderia ser atingido.

No entanto, a maneira de proceder será exatamente a mesma tanto para o plano do conteúdo quanto para o plano da expressão. Assim como realizando a análise funcional se pode resolver o plano da expressão em componentes que contraem relações mútuas (tal como isso se produziu experimentalmente tanto na invenção do alfabeto quanto nas teorias modernas do fonema), deve-se também, através de uma análise semelhante, resolver o plano do conteúdo em componentes que contraem relações mútuas que são menores que os conteúdos mínimos de signos.

Imaginemos que, na fase da análise do texto em que certas cadeias (como, por exemplo, expressões de palavras numa língua de estrutura corrente) são divididas em sílabas, se registrem as seguintes sílabas: *sla, sli, slai, sa, si, sai, la, li, lai*. Na fase seguinte, em que as sílabas se dividem em partes silábicas centrais (selecionadas) e marginais (selecionantes) (cf. Cap. 9), o estabelecimento mecânico do inventário das duas categorias levaria a registrar *a, i, ai* na categoria das partes centrais e *sl, s, l* na categoria das partes marginais. Dado que se pode interpretar *ai* como a unidade estabelecida pela relação entre *a* e *i*, e *sl* como a unidade estabelecida pela relação entre *s* e *l*, *ai* e *sl* são excluídas do inventário dos elementos, onde restam apenas *a* e *i*, *s* e *l* de modo que estes também são definidos por sua faculdade de entrar nos "grupos" mencionados (o grupo de consoantes *sl* e o ditongo *ai*). É importante ressaltar que esta redução deve ocorrer quando da própria operação no curso da qual as partes silábicas centrais e marginais são registradas e não deve ser retardada para a operação seguinte no curso da qual essas partes serão divididas em partes ainda menores; agir de outro modo seria faltar à exigência do procedimento mais simples possível e do resultado mais simples possível em cada uma das operações (cf. Cap. 6 e o princípio de redução). Se, pelo contrário, estivéssemos na presença de uma situação diferente na qual, por exemplo, a resolução dessas cadeias em sílabas nos desse apenas *slai*, e não mais *sla, sli, sa, si, sai, la, li, lai*, neste caso a redução de sílabas por resolução em partes silábicas não poderia ser realizada, e a seqüência da redução deveria ser adiada para a operação seguinte, no decorrer da qual as partes silábicas seriam objeto de uma divisão ulterior. Se tivéssemos obtido *slai, sla* e *sli*, e não *sai, sa, si, lai, la, li* na fase do procedimento que consideramos, poderíamos ter resolvido *ai* mas não *sl*. (Se tivéssemos obtido *slai* e *sla*,

72 PROLEGÓMENOS A UMA TEORIA DA LINGUAGEM

mas não *sli,* a resolução não poderia ter acontecido, e *ai* e *a* teriam de ser registradas como duas invariantes distintas. Infringir esta regra levaria, entre outras coisas, ao absurdo de que, numa língua que possua as sílabas *a* e *sa,* mas nenhuma sílaba *s,* não apenas *a* como também *s* seriam registradas como invariantes distintas no inventário das sílabas.)

Em princípio, nesta maneira de proceder existe um elemento de generalização. A redução só pode ser realizada se se generalizar, de um caso para outro, sem risco de contradição. Poder-se-ia fazer em nosso exemplo-tipo a modificação segundo a qual uma redução de *sl* em grupo só é possível em certos casos, dado que um conteúdo diferente está ligado à sílaba *sla* sem resolução de *sl* e à mesma sílaba em que *sl* é resolvido; disso resultaria que *sl* é um elemento da mesma espécie que *s* e *l.* Em várias línguas bem conhecidas (em inglês, por exemplo) a grandeza *tʃ* pode ser resolvida em *t* e *ʃ,* de modo que esta resolução seja generalizada sem contradição em todos os casos. Em polonês, pelo contrário, *tʃ* é uma grandeza independente da mesma espécie que *t* e *ʃ,* e estas duas últimas também podem participar de um grupo de *tʃ* (funcionalmente diferentes de *tʃ*): as duas palavras *trzy,* "três", e *czy,* "ou", "se", só diferem na pronúncia porque o primeiro tem *tʃ* e o segundo *tʃ* [6].

É por esta razão que é importante, no plano prático, recorrer a um *princípio de generalização* particular. Sua importância prática se manifesta aliás em vários outros pontos da teoria, e portanto deve ser considerado como um de seus princípios gerais. Pensamos ser possível provar que esse princípio sempre representou implicitamente um papel na pesquisa científica, embora, ao que saibamos, nunca tenha sido formulado. O princípio é o seguinte:

Se um objeto admite univocamente uma solução, e se um outro objeto admite equivocamente a mesma solução, neste caso a solução é generalizada e aplicada ao objeto equívoco.

Pode-se formular do seguinte modo a regra das deduções que foram acima discutidas:

Grandezas que, na aplicação do princípio de generalização, podem ser registradas de modo unívoco como unidades complexas que compreendem exclusivamente elemen-

---

6. BLOOMFIELD, L. *Language.* Nova York, 1933. p. 119. TRAGER, George L. *Acta linguistica,* I, 1939. p. 179. Analisando a fundo o sistema de expressão do polonês segundo nosso ponto de vista, provavelmente se observariam outras diferenças entre os dois casos; no entanto, isso em nada invalida o princípio, nem sua aplicação numa dada fase da análise. O mesmo acontece com o exemplo-tipo de D. Jones: *h* e *ŋ.*

INVARIANTES E VARIANTES 73

tos registrados no decorrer da mesma operação não devem ser registradas como elementos.

No plano do conteúdo, esta regra deverá ser aplicada exatamente da mesma maneira como é aplicada no plano da expressão. Se, por exemplo, o inventário estabelecido mecanicamente numa dada fase do procedimento conduz ao registro das grandezas de conteúdo: "touro", "vaca", "homem", "mulher", "menino" "menina", "garanhão", "égua", "ser humano", "criança", "cavalo", "ele" e "ela" as grandezas "touro", "vaca", "homem", "mulher", "menino", "menina", "garanhão" e "égua" devem ser eliminadas do inventário dos elementos, uma vez que podem ser interpretadas univocamente como unidades de relação que compreendem exclusivamente "ele" ou "ela" de um lado e, de outro lado, respectivamente, "boi", "ser humano", "criança", "cavalo". Aqui, como no plano da expressão, o critério é a prova da troca pela qual se constata uma relação entre uma correlação de um plano e uma correlação de um outro plano. Assim como uma troca entre *sai, sa* e *si* pode acarretar uma troca de três conteúdos diferentes, a troca das grandezas de conteúdo "touro", "ele" e "boi" pode acarretar a troca de três expressões diferentes. "Touro" = "ele-boi" será diferente de "vaca" = "ela-boi", assim como *sl* o é de *fl,* por exemplo; "touro" = "ele-boi" também será tão diferente de "garanhão" = "ele-cavalo" quanto *sl* o será de *sn*: basta que um único elemento seja trocado por um outro para provocar num caso como no ourto uma troca no outro plano da língua.

Nos exemplos a que recorremos anteriormente (divisão de frases em proposições, e de proposições em palavras; divisão do grupo de sílabas em sílabas, e estas em partes de sílabas e, partindo daí, em figuras ainda menores) agimos provisoriamente segundo as concepções tradicionais como se o texto consistisse apenas numa linha da expressão; fomos levados a compreender (cf. Cap. 13) que, após a divisão do texto em linha da expressão e linha do conteúdo, estas duas linhas devem dividir-se cada uma segundo um princípio comum. Disso resulta que esta divisão deve ser efetuada com a mesma extensão nestas duas linhas, isto é, deve ser levada o mais longe possível. Assim como através de uma divisão contínua da linha da expressão se chega mais cedo ou mais tarde a uma fronteira a partir da qual inventários limitados sucedem inventários ilimitados, inventários que são ainda constantemente reduzidos por operações ulteriores (cf. Cap. 12), o mesmo acontecerá com a linha do conteúdo quando se fizer sua análise. Pode-se dizer que, na prática, a análise das figuras do plano da expressão é feita pela resolução das grandezas que entram em inventá-

74 PROLEGÔMENOS A UMA TEORIA DA LINGUAGEM

rios ilimitados (expressões de palavras, por exemplo) em grandezas que entram em inventários limitados, resolução que é continuada até que se obtenham os inventários mais limitados. O mesmo sucederá com a análise das figuras do plano do conteúdo. Enquanto que o inventário dos conteúdos de palavras não é limitado, os signos mínimos, nas línguas de estrutura conhecida, dividem-se (à base de diferenças relacionais) em alguns inventários ilimitados (selecionados) (como os inventários dos conteúdos de raízes) e em outros inventários (selecionantes) limitados (tais como os que compreendem conteúdos de sufixos de derivação e de desinências flexionais, isto é, derivativos e morfemas. Praticamente, portanto, o procedimento consiste em analisar grandezas que entram em inventários ilimitados em grandezas que entram em inventários limitados. Vê-se que esse princípio já foi parcialmente aplicado no exemplo acima proposto: enquanto que "boi", "ser humano", "criança" e "cavalo" permanecem provisoriamente em inventários ilimitados, "ele" e "ela", na sua qualidade de pronomes, participam de uma categoria especial definida relacionalmente e que tem um número limitado de elementos. Nossa tarefa consistirá, portanto, em levar adiante a análise até que todos os inventários sejam tão restritos quanto possível.

Através desta redução de grandezas do conteúdo em "grupos" o conteúdo de um signo simples revela-se idêntico ao de uma cadeia de conteúdos de signos que contraem determinadas relações mútuas. As definições com as quais as palavras são traduzidas em um dicionário unilíngüe são, a princípio, desta natureza, embora os dicionários até aqui não se tenham atribuído por finalidade a redução; é por isso que não oferecem definições que possam ser retomadas numa análise sistemática. Mas aquilo que é estabelecido como equivalente de uma dada grandeza assim reduzida é, na verdade, a *definição* dessa grandeza, formulada na língua e no próprio plano dessa grandeza. Também a respeito deste ponto não vemos nenhum obstáculo em nos servirmos da mesma terminologia para os dois planos, e também para empregar o termo *definição* quando a expressão da palavra *tal* é analisada como composta pela consoante *t,* pela vogal *a* e pela consoante *l.* O que nos leva à definição da definição: por *definição* entendemos uma divisão seja do conteúdo de um signo, seja da expressão de um signo.

É freqüentemente possível aumentar a eficácia da redução das grandezas para grupos de elementos registrando os *conetivos* considerados enquanto tais. Por *conetivo* entendemos um funtivo que em certas condições é solidário de unidades complexas de um determinado grau. Na prática, os conetivos são freqüentemente (mas não sempre) idênticos no plano da expressão àquilo que estávamos habituados, em lingüística, a chamar de vogais de ligação; diferem desta, no entanto, pela exatidão de sua definição. A vogal que se encontra em inglês diante da desinência de flexão em *fishes* pode ser registrada como um conetivo. No plano do conteúdo, as conjunções freqüentemente serão conetivos, o que, em línguas de estrutura determinada, pode tornar-se de uma importância decisiva para a análise e para o registro dos inventários de frases e de proposições. Em virtude deste fato, na maioria das vezes será possível, desde a divisão das frases, chegar não apenas à resolução de frases complexas em proposições simples como também à redução, através de todo o inventário, de uma proposição principal e de uma proposição subordinada dadas em uma única proposição que tenha as duas possibilidades funcionais. A proposição principal (ou selecionada) e a proposição subordinada (ou selecionante) não constituirão, então, duas espécies de proposições, mas duas espécies de "funções de proposição" ou duas variantes proposicionais. Acrescentemos que uma ordem específica de palavras, em certas espécies de subordinadas, pode ser registrada como o *sinal* dessas variantes de proposição que, desse modo, não constituem obstáculo algum à operação de redução. — A sorte que atinge aqui dois dos principais pilares da sintaxe clássica, a proposição principal e a proposição subordinada, que são assim reduzidas a simples variantes, atingirá igualmente alguns de seus outros pilares. Nas estruturas lingüísticas mais familiares, o sujeito e o atributo tornam-se variantes de um único substantivo (de uma única junção etc.); nas línguas sem caso objeto, o objeto tornar-se-á uma variante que lhes será idêntica, e nas línguas que possuem um caso objeto e onde há também outras funções o objeto tornar-se-á uma simples variante desse caso. Em outras palavras, a classificação dos funtivos em invariantes e variantes que estamos estabelecendo abalará a base da bifurcação tradicional da lingüística em morfologia e sintaxe.

O registro da relação entre a correlação da expressão e a do conteúdo, portanto, deve ser efetuada nos dois planos para todas as grandezas do texto. A pertinência do valor distintivo será válido para todo estabelecimento de inventário. A correlação de um plano que contrai uma relação com uma correlação do outro plano da língua será chamada de *comutação*. Esta é, apenas, uma definição prática; na teoria, esforçamo-nos por obter uma formulação mais abstrata e mais geral. Assim como é possível imaginar uma correlação — e uma troca no interior de um paradigma — contraindo uma relação com uma correlação correspondente — e a uma troca correspondente ao interior de um para-

76 PROLEGÔMENOS A UMA TEORIA DA LINGUAGEM

digma — no outro plano da língua, é também possível imaginar uma relação — e uma transposição no interior de uma cadeia — contraindo uma relação com uma relação correspondente — e a uma transposição correspondente no interior de uma cadeia — no outro plano da língua. Neste caso, falaremos em *permutação*. Freqüentemente há permutação entre signos de extensão relativamente grande. As *palavras* podem ser definidas simplesmente como os signos mínimos entre os quais há permutação tanto na expressão quanto no conteúdo. Escolhemos designar a comutação e a permutação sob o termo comum de *mutação*. A partir do momento em que se diz que os derivados de mesmo grau pertencentes a um mesmo processo ou a um mesmo sistema constituem uma *série*, definimos a mutação como a função existente entre os derivados de primeiro grau de uma mesma classe e que contraem uma relação com uma função entre outros derivados de primeiro grau de uma mesma classe e que pertencem à mesma série. A *comutação* será portanto uma mutação entre os membros de um paradigma e a *permutação* uma mutação entre as partes de uma cadeia.

Por *substituição* designaremos a ausência de mutação entre os membros de um paradigma. Para nós, portanto, a substituição é o contrário da comutação. Das definições resulta que certas grandezas não têm nem comutação nem substituição mútuas: são as grandezas que não entram num mesmo paradigma, como por exemplo uma vogal e uma consoante, ou h e η, no exemplo de Jones mencionado acima.

As *invariantes* são, assim, correlatos de comutação mútua, e as *variantes*, correlatos de substituição mútua.

A estrutura específica de uma língua, os traços que a caracterizam em oposição a outras línguas, que a diferenciam destas, que fazem com que se assemelhem, determinando com isso seu lugar na tipologia das línguas, esses traços são portanto estabelecidos quando se especifica quais são as categorias relacionalmente definidas que a língua comporta e que número de invariantes participa de cada uma delas. O número de invariantes no interior de cada categoria é fixado pela prova de comutação. Aquilo que, de acordo com Saussure, chamamos de forma lingüística e que, de modo diferente de uma língua para outra, coloca suas fronteiras arbitrárias num contínuo de sentido em si mesmo amorfo, repousa exclusivamente sobre esta estrutura. Todos os casos que citamos (cf. Cap. 13) são outros tantos exemplos da pertinência da prova de comutação: o número das designações de cores, de números, de tempo, o número de oclusivas e de vogais, tudo isso e muitas outras coisas ainda é fixado deste modo. As grandezas de conteúdo *arbre* (árvore) e *bois* (madeira) são variantes em dinamarquês, são invariantes em francês e alemão; as grandezas de conteúdo *bois* (material) e *bois* (pequena floresta) que são invariantes em dinamarquês, em francês são variantes. As grandezas de conteúdo "floresta grande" e "floresta não grande" ou "floresta independentemente do tamanho" são invariantes em francês mas variantes em dinamarquês e alemão. O único critério que permite estabelecer esse dado é a prova de comutação.

Se a gramática tradicional freqüentemente transferiu às cegas as categorias latinas e os membros das categorias para as línguas européias modernas, como foi feito em relação ao dinamarquês [7], é porque não se tinha compreendido que a prova de comutação é pertinente para a análise do conteúdo lingüístico. Se abordarmos a este sem levar em conta a comutação, na prática isso equivale a considerá-lo sem levar em conta sua relação com a expressão lingüística, relação dada pela função semiótica. Por reação contra este estado de coisa, fomos levados recentemente a exigir um método gramatical que tomaria a expressão como ponto de partida para, a seguir, chegar ao conteúdo [8]. Depois de verificado o alcance da comutação, parece que essa exigência foi formulada de modo impreciso. Deve-se exigir, com o mesmo direito, que o plano do conteúdo seja o ponto de partida para uma análise do plano da expressão. Quer nos interessemos mais especialmente pela expressão ou pelo conteúdo, nada compreenderemos da estrutura da língua se não levarmos em conta, antes de mais nada, a interação entre os dois planos. O estudo da expressão e o do conteúdo são, ambos, estudos da relação entre expressão e conteúdo; estas duas disciplinas se pressupõem mutuamente, são interdependentes, e separá-las seria um grave erro. Como já ressaltamos (cf. Caps. 9 a 11), a análise deve basear-se nas funções.

---

7. A respeito, pode-se consultar, entre outros, H. G. WIWEL, *Synspunkter for dansk sproglaere*, Copenhague, 1901, p. 4.

8. Dessa forma, o autor do presente trabalho (L. HJELMSLEV, *Principes de grammaire gérérale*, *Det Kgl. Danske Videnskabernes Selskab Hist-filol. Medd.* XVI, 1, Copenhague, 1928, sobretudo p. 89).

15. Esquema e Uso Lingüísticos

O lingüista deve interessar-se tanto pelas semelhanças como pelas diferenças das línguas; esses são dois aspectos complementares do mesmo fenômeno. A semelhança entre as línguas reside no próprio princípio de suas estruturas; a diferença entre elas provém da execução *in concreto* desse princípio. Portanto, é na linguagem e na estrutura interna das línguas que se encontram simultaneamente as semelhanças e as diferenças entre elas: nem estas, nem aquelas repousam sobre qualquer fator estranho à linguagem. Nas línguas, semelhanças e diferenças pertencem àquilo que, com Saussure, denominamos de forma, e não à substância que é formada. *A priori,* talvez se poderia supor que o sentido que se organiza pertence àquilo que é comum a todas as línguas e, portanto, às suas semelhanças; mas isto é ilusão, pois ele assume sua forma de maneira específica em cada língua; não existe formação universal, mas apenas um princípio universal de formação. O sentido, em si mesmo, é informe, isto é, não está submetido, em si mesmo, a uma formação, mas é suscetível de uma formação qualquer. Se há limites aqui, eles estão na formação e não no sentido. É por isso que o sentido é, em si mesmo, inacessível ao conhecimento, uma vez que a condição de todo conhecimento é uma análise, seja qual for sua natureza. Portanto, o sentido só pode ser reconhecido através de uma formação, sem a qual ele não tem existência científica.

É por esta razão que é impossível tomar o sentido, seja o da expressão ou o do conteúdo, como base da descrição

80 PROLEGÔMENOS A UMA TEORIA DA LINGUAGEM

lingüística. Uma tal tentativa só seria possível na base de uma formação do sentido e estabelecida *a priori* de uma vez para sempre e que, fosse qual fosse sua estrutura, seria incongruente com a maioria das línguas. É por isso que a construção de uma gramática sobre sistemas ontológicos especulativos está tão destinada ao fracasso quanto a construção da gramática de uma determinada língua sobre uma outra língua.

Não se pode tampouco introduzir antecipadamente uma descrição da substância como base da descrição lingüística; mas a descrição da substância pressupõe, ao contrário, a descrição da forma lingüística. O velho sonho de um sistema universal de sons e de um sistema universal de conteúdo (sistema de conceitos) é, com isso irrealizável e, de qualquer modo, não exerceria nenhum domínio sobre a realidade lingüística. Sem dúvida não é supérfluo, diante de certas sobrevivências da filosofia medieval que reapareceram recentemente, especificar que tipos universais de sons ou um esquema eterno de conceitos não podem ser estabelecidos com métodos empíricos. As diferenças entre as línguas não provêm das realizações diferentes de um tipo de substância, mas das realizações diferentes de um princípio de formação ou, em outros termos, de diferentes formas em relação a um sentido idêntico porém amorfo.

As considerações que fomos levados a fazer como conseqüência da distinção estabelecida por Saussure entre forma e substância levam a que se reconheça que a língua é uma forma e que existe fora dessa forma uma matéria não lingüística, a "substância" saussuriana — o sentido, que contrai uma função com essa forma. Embora caiba à lingüística abalizar a forma das línguas, será inteiramente natural que as outras ciências analisem o sentido das línguas; projetando os resultados da lingüística sobre os resultados dessas outras ciências, se terá a projeção da forma lingüística sobre o sentido numa determinada língua. Dado que a formação lingüística do sentido é arbitrária, isto é, que ela se baseia não no sentido mas no próprio princípio da forma e nas possibilidades que decorrem de sua realização, estas duas descrições, lingüística e não lingüística, devem ser feitas independentemente uma da outra.

A fim de especificar esta atitude de modo concreto, será talvez desejável indicar quais são as disciplinas científicas às quais cabe a descrição do sentido, tanto mais que a lingüística atual manifesta, com relação a este aspecto, uma imprecisão que tem profundas raízes numa certa tradição. Chamaremos a atenção para dois fatores:

ESQUEMA E USO LINGÜÍSTICOS

a) Conforme o primeiro deles (que indicamos observando de propósito uma atitude agnóstica em face a certos pontos litigiosos da filosofia moderna), a descrição do sentido deve ser concebida, tanto para a expressão quanto para o conteúdo lingüístico, como cabendo essencialmente à *física* e à *antropologia* (social). Enunciamos isto sem tomar uma posição especial em relação a certos pontos de contestação na filosofia moderna. A substância dos dois planos pode ser considerada em parte como constituída por objetos físicos (os sons no plano da expressão e as coisas no plano do conteúdo) e em parte como a concepção que o sujeito falante tem desses objetos; portanto, seria necessário efetuar, para os dois planos, uma descrição física e uma descrição fenomenológica do sentido.

b) Uma descrição exaustiva do sentido lingüístico deve ser realizada, graças a uma colaboração de todas as ciências não lingüísticas; de nosso ponto de vista, elas tratam todas, sem exceção, de um conteúdo lingüístico.

Com a justificação relativa fornecida por um ponto de vista particular, somos levados a ver o conjunto das disciplinas científicas centradas ao redor da lingüística. Encontramo-nos diante de uma simplificação que consiste em reduzir os objetos científicos a duas espécies fundamentais: linguagem e não-linguagem, e a ver uma dependência, uma função entre elas.

Mais tarde teremos a ocasião de discutir a natureza desta função entre linguagem e não-linguagens e seus relacionamentos de implicação e de pressuposição; nessa ocasião, seremos levados a ampliar e modificar a perspectiva aqui esboçada. Aquilo que dissermos a respeito deste ponto, e principalmente sobre a forma e a substância saussuriana, é apenas provisório.

Desse ponto de vista, deve-se portanto concluir que, assim como as outras disciplinas científicas podem e devem analisar o sentido lingüístico sem levar em consideração a forma lingüística, a lingüística pode e deve analisar a forma lingüística sem se preocupar com o sentido que se apega a essa forma nos dois planos. Enquanto que o sentido do conteúdo e o da expressão devem ser considerados como descritos de modo adequado e suficiente pelas ciências não lingüísticas, é à lingüística que cabe especificamente descrever a forma lingüística e tornar possível sua projeção sobre os objetos extralingüísticos que, para o lingüista, são a substância dessa forma. A tarefa principal da lingüista, portanto, é construir uma ciência da expressão e uma ciência do conteúdo sobre bases internas e funcionais, sem admitir dados fonéticos ou fenomenológicos na ciência da expressão, nem dados ontológicos ou fenomenológicos na ciência do con-

82 PROLEGÔMENOS A UMA TEORIA DA LINGUAGEM

teúdo (o que não significa, evidentemente, que se irá negligenciar as premissas epistemológicas sobre as quais toda ciência se baseia). Desse modo se constituiria, em reação à lingüística tradicional, uma lingüística cuja ciência da expressão não seria uma fonética e cuja ciência do conteúdo não seria uma semântica. Uma tal ciência seria, nesse caso, uma álgebra da língua que operaria sobre grandezas não denominadas — isto é, denominadas arbitrariamente, sem que para elas existam designações naturais — e que só adquiririam designações motivadas através de sua ligação com a substância.

Confrontada com esta tarefa essencial, cuja solução foi até aqui quase completamente negligenciada no estudo das línguas, a lingüística verá abrir-se à sua frente um vasto domínio de reflexão e de pesquisa. No que diz respeito à expressão lingüística, este trabalho já começou em nossa época em domínios limitados" [1].

Nossa teoria da linguagem, desde o começo, inspirou-se nesta concepção, e ela se propõe a constituir esta álgebra imanente da língua. A fim de marcar seu desacordo com os estudos lingüísticos anteriores e sua independência de princípio em relação à substância extralingüística, demos-lhe um nome particular que, aliás, foi utilizado nos trabalho preparatórios dessa teoria desde 1936: a denominação que damos é *glossemática* (de γλῶσσα , "língua"), e por *glossemas* entendemos as formas mínimas que a teoria isola como bases de explicação, isto é, invariantes irredutíveis. Uma tal denominação não teria sido necessária se o termo *lingüística* não tivesse sido empregado abusivamente para designar um estudo errôneo da linguagem a partir de pontos de vista transcendentais que não são pertinentes.

A distinção estabelecida por Saussure entre "forma" e "substância", no entanto, tem uma justificação apenas relativa, isto é, ela só é legítima do ponto de vista da linguagem. "Forma" significa aqui *forma lingüística* e "substância", como

---

1. Uma descrição de categorias da expressão sobre uma base puramente não fonética foi feita sobretudo por L. Bloomfield para o inglês e em parte para outras línguas (*Language*, Nova York, 1933, p. 130 e s.), por GEORGE L. TRAGER para o polonês (*Acta linguistica* I, 1939, p. 179), por HANS VOGT para o norueguês (*Norsk tidsskrift for sprogvidenskap* XII, 1942, p. 5 e s.), por H. J. ULDALL para o dinamarquês (*Proceedings of the Second International Congress of Phonetic Sciences*, Cambridge, 1936, p. 54 e s.) e para o hotentote (*Africa* XII, 1939, p. 369 e s.), por A. BJERRUM para o dialeto dinamarquês em Fjolde (*Fjoldemålets Lydsystem*, 1944), por J. KURYLOWICZ para o grego antigo (*Travaux du Cercle linguistique de Copenhague* V, 1949, p. 56 e s.) por KNUD TOGEBY para o francês (*Structure immanente de la langue française*, 1951) e por L. HJELMSLEV para o lituano (*Studi baltici* VI, 1936-37, p. 1 e s.) e para o dinamarquês (*Seskab for nordisk filologi, Årsberetning for 1948-49-50*, pp. 12-23). Este ponto de vista aparece clara e deliberadamente em *Mémoire sur le système primitif des voyelles*, Leipzig, 1879, de F. de SAUSSURE; o método foi explicitamente formulado por seu aluno A. SECHEHAYE (*Programme et méthodes de la linguistique théorique*, Paris, 1908, pp. 111, 133, 151).

ESQUEMA E USO LINGÜÍSTICOS

vimos, substância lingüística ou *sentido*. Numa acepção mais absoluta, os conceitos de "forma" e de "substância" têm um alcance mais geral mas não podem ser generalizados sem o risco de tornar obscura a terminologia. Naturalmente, deve-se insistir particularmente no fato de que o conceito de "substância" não se opõe ao conceito de função, e que ele só pode designar uma totalidade funcional em si mesma, que se comporta de uma maneira definida face a uma "forma" dada, comportamento semelhante ao do sentido frente à forma lingüística. Mas a análise não lingüística do sentido realizada pelas outras ciências conduz também, pela natureza das coisas, ao reconhecimento de uma "forma", comparável em princípio à "forma" lingüística, ainda que de natureza extralingüística. Pensamos que é possível supor que vários dos princípios gerais que fomos levados a adotar na fase inicial da teoria da linguagem são válidos não apenas para a lingüística mas também para todas as ciências, em particular o princípio da pertinência exclusiva das funções em toda análise (cf. Cap. 9). Aquilo que, de um ponto de vista, é "substância" torna-se "forma" de um outro ponto de vista; isto está relacionado com o fato de que os funtivos denotam apenas terminais ou pontos de intersecção das funções, e que apenas a malha funcional de dependências é acessível ao conhecimento e possui uma existência científica, enquanto que a "substância", no sentido ontológico, continua a ser um conceito metafísico.

A análise não lingüística do sentido deve portanto levar, por dedução (no sentido que atribuímos a esse termo) ao reconhecimento de uma hierarquia extralingüística que contrai uma função com a hierarquia lingüística obtida pela dedução lingüística.

Chamaremos a hierarquia lingüística de *esquema lingüístico,* e as resultantes da hierarquia extralingüística de *uso lingüístico* quando estão subordinadas ao esquema lingüístico. Diremos, ainda, que o uso lingüístico *manifesta* o esquema lingüístico, e chamaremos de *manifestação* a função contraída pelo esquema e pelo uso. Provisoriamente, estes termos têm apenas um caráter operacional.

16. Variantes no Esquema Lingüístico

Tanto no esquema lingüístico quanto no uso lingüístico é possível reduzir certas grandezas a espécimes de certas outras grandezas (cf. Cap. 14). Um funtivo qualquer do esquema lingüístico pode, *no interior deste* e sem pôr em causa a manifestação, articula-se em variantes. Isto decorre da própria definição das variantes (cf. Cap. 14). De resto, a articulação é universal, e não particular (cf. Cap. 11) uma vez que um funtivo qualquer sempre pode ser articulado um número ilimitado de vezes num número arbitrariamente fixo de variantes. É por isso que as variantes, como as invariantes irredutíveis, são em geral virtuais, no sentido que definimos (cf. Cap. 11), enquanto que as invariantes redutíveis são as únicas a serem realizadas.

Na ciência moderna da expressão, orientada para a fonética, tem-se o costume de distinguir entre duas espécies de variantes: as variantes ditas "livres", que são independentes daquilo que a rodeia, e as variantes ditas "ligadas" ou "condicionadas" (ou ainda "combinatórias", termo que não recomendamos), que só aparecem na cadeia em certos ambientes. Quando a análise é exaustiva, pode-se dizer que uma grandeza qualquer do plano da expressão tem tantas variantes ligadas quantas relações possíveis tiver na cadeia. Pode-se dizer também que, nas mesmas condições, uma grandeza qualquer tem tantas variantes livres quantos espécimes possíveis tiver, dado que, para um registro fonético de sensibilidade suficiente, dois espécimes do mesmo fonema nunca são exatamente idênticos. Chamaremos de *variações* as variantes "livres" e *variedades* as variantes "ligadas". As *va-*

riações são definidas como variantes combinadas, pois não são pressupostas por, e não pressupõem, grandezas definidas e coexistentes na cadeia: as variações contraem uma combinação. As *variedades* são definidas como variantes solidárias, pois uma dada variedade sempre é suposta por uma dada variedade de uma outra invariante na cadeia (ou de um outro espécime de uma invariante) e a pressupõe, ela mesma. Na sílaba *ta* entram duas variedades de duas invariantes: uma variedade de *t* que só pode aparecer com *a*, e uma variedade de *a* que só pode aparecer com *t*; entre elas há solidariedade.

A distribuição das variantes em duas categorias, sugerida pela ciência moderna da expressão, é, como se vê, extremamente importante do ponto de vista funcional, e é por isso que deve ser feita por toda parte. Dada a situação atual da lingüística, é importante ressaltar, a propósito, que uma articulação em variantes é tão possível e necessária na ciência do conteúdo quando na da expressão. Todas as significações ditas contextuais manifestam variedades e todas as significações especiais manifestam variações. Além disso, é importante, a fim de satisfazer à exigência de simplicidade, insistir no fato de que, nos dois planos da língua, a articulação em variações pressupõe a articulação em variedades uma vez que uma invariante deve inicialmente ser articulada em variedades e as variedades articuladas, a seguir, em variações: as variações especificam as variedades. No entanto, parece possível que uma articulação exaustiva em variações se possa ligar uma articulação em variedades, e assim por diante. Na medida em que isto for possível, a especificação é transitiva.

Se a articulação de uma invariante em variedades é realizada até cada "posição" considerada individualmente, atinge-se uma variedade irredutível e a articulação em variedades é esgotada. Diremos que uma variedade é *localizada* quando ela não mais pode ser articulada em variedades. Se se continua com a articulação de uma variedade localizada em variações até atingir um espécime único, atinge-se uma variação irredutível e a articulação em variações é esgotada. Chamaremos de *indivíduo* uma variação que não pode mais ser articulada em variações. Eventualmente se pode articular um indivíduo em variedades conforme as "posições" diferentes nas quais esse mesmo indivíduo pode aparecer; neste caso, a especificação é transitiva.

O fato de que uma articulação em variantes pode ser esgotada numa dada fase não contradiz a natureza virtual das variantes. Se se admite a transitividade da especificação, a articulação em variantes é, em princípio, ilimitada. Contudo, além do mais, a articulação em variantes é, embora esgotável, ilimitada em cada fase particular, pois o número de variantes sempre será ilimitado num texto ilimitado, e o número de articulações possíveis graças às quais a articulação das variantes pode ser esgotada será também, portanto, ilimitado, mesmo em relação a uma fase particular. Se não há especificação transitiva contínua e se a hierarquia se encontra esgotada numa articulação das variedades em variação que não podem ser novamente variedades, se poderá dizer, conforme uma certa interpretação epistemológica, que o objeto dado não é suscetível de uma descrição científica ulterior. Sendo o objetivo do empreendimento científico, sempre, o de registrar coesões, a possibilidade de um tratamento exato deixa de existir se um objeto oferece apenas a possibilidade de registrar constelações ou ausências de funções. Dizer que o objetivo da ciência é registrar coesões significa que, não levando em consideração nossa terminologia, uma ciência sempre se esforça por apreender os objetos como as conseqüências de uma razão ou como os efeitos de uma causa. Se o objeto se resolve apenas em objetos que são indiferentemente conseqüências ou efeitos de todos ou de nenhum, a análise científica contínua será infrutífera.

A priori não parece inimaginável que toda ciência que procurasse realizar os objetivos de que nos fizemos defensor em relação à lingüística, chegue, ao fim da dedução, a encontrar-se diante de uma situação final onde não se pode mais distinguir relacionamentos de causa e efeito, e onde não mais se vêem as conseqüências das razões. Só restará então a possibilidade única de um tratamento estatístico das variações, semelhante àquele que Eberhard Zwirner procurou estabelecer sistematicamente no que diz respeito à expressão fonética das línguas [1]. A condição para que esta experiência seja levada a cabo é que o objeto desse tratamento "fonométrico" não seja uma classe de sons obtida indutivamente, mas sim uma variedade localizada do mais alto grau obtida dedutivamente.

Tivemos, anteriormente, a ocasião de constatar que as grandezas habitualmente registradas pela sintaxe tradicional — proposições principais e subordinadas, membros de frases tais como o sujeito, o atributo, o objeto etc. — são variantes (cf. Cap. 14). Segundo a terminologia que introduzimos, podemos acrescentar que são variedades. A sintaxe tradicional (entendida como o estudo das conexões entre as palavras) é, no essencial, um estudo das variedades do plano do conteúdo da língua, mas como tal não é exaustiva. Dado que toda articulação em variantes pressupõe o inventário das invariantes, a sintaxe não se pode sustentar como uma disciplina autônoma.

1. Ver, do autor, *Nordisk tidsskrift for tale og stemme* II, 1938, sobretudo p. 179 e s.

17. Função e Soma

Uma classe que contrai uma função com uma ou várias classes no interior de uma mesma série será chamada de *soma*. Uma soma sintagmática será uma *unidade*, uma soma paradigmática será uma *categoria*. Uma *unidade* será portanto uma cadeia que contrai uma relação com uma ou várias cadeias no interior de uma mesma série e uma *categoria* será um paradigma que contrai uma correlação com um ou vários paradigmas no interior da mesma série. Por *estabelecimento* entendemos uma relação que existe entre uma soma e uma função que dela participa; dizemos que a função *estabelece* a soma e que a soma é *estabelecida pela* função. Por exemplo, na paradigmática (ou sistema lingüístico), podemos constatar a existência de diversas categorias de correlação mútua que, tomadas separadamente, são estabelecidas pela correlação que existe entre seus membros. Para as categorias de invariantes, esta correlação é uma comutação; para a categoria de variantes, é uma substituição. Do mesmo modo, podemos constatar na sintagmática (ou texto, processo lingüístico) a existência de diversas unidades de relação mútua e que são, cada uma, estabelecidas pela relação entre suas partes

Das definições resulta que sempre existem funções entre somas ou entre funções; por outras palavras, que toda grandeza é uma soma. O fator que tornou possível esta maneira de ver reside naturalmente no fato de que o número das variantes é ilimitado e que a articulação em variantes pode ser realizada indefinidamente, de tal modo que toda grandeza pode ser considerada como uma soma ou, pelo menos, como uma

90 PROLEGÔMENOS A UMA TEORIA DA LINGUAGEM

soma de variantes. É a exigência da descrição exaustiva que torna necessário este ponto de vista.

Em teoria, isso equivale a dizer que uma grandeza não é outra coisa senão duas ou várias grandezas de função mútua, resultado que ressalta mais uma vez a existência científica apenas das funções (cf. Cap. 9).

Na prática, é particularmente importante na análise levar em consideração que entre categorias existe uma relação.

A análise deve ser de tal modo que, tendo-se em conta o princípio de empirismo e todos os outros princípios que daí decorrem, se escolha a base de análise adequada. Suponhamos que se escolha a seleção como base de análise. Trata-se então, na primeira operação, de dividir a cadeia proposta em unidades de seleção de primeiro grau; a categoria constituída por essas unidades será denominada *categoria funcional,* e com esse termo nos referimos à categoria dos funtivos registrados por uma única análise com uma dada função tomada como base de análise. Numa tal categoria funcional será possível imaginar quatro espécies de funtivos:

1. funtivos que só podem aparecer como selecionados;
2. funtivos que só podem aparecer como selecionantes;
3. funtivos que podem aparecer como selecionados e como selecionantes;
4. funtivos que não podem aparecer nem como selecionados, nem como selecionantes (ou seja, funtivos que só contraem solidariedades e/ou combinações, ou que não contraem relação alguma).

Chamaremos cada uma dessas categorias de *categoria de funtivos;* entenderemos, por essa designação, categorias que a articulação de uma categoria funcional registra segundo as possibilidades dos funtivos. A operação consiste em procurar, analisando cada uma destas categorias de funtivos em membros na base da prova de comutação, quais dessas quatro categorias de funtivos *a priori* possíveis são realizadas, e quais são virtuais; chamamos esses membros de *elementos.* Quando a análise é divisão em unidades de seleção de primeiro grau, os elementos são portanto unidades particulares de seleção de primeiro grau que a divisão leva a registrar.

Tomemos novamente como exemplo concreto a divisão da cadeia em proposições principais e subordinadas. As proposições principais pertencerão à primeira categoria de funtivos, as subordinadas à segunda. Para simplificar, suponhamos que a terceira e a quarta categoria de funtivos demonstrem serem, ambas, virtuais. Nesse caso, é evidente que este registro não pode significar que cada subordinada tomada isoladamente seleciona cada principal tomada iso-

FUNÇÃO E SOMA

ladamente. Uma subordinada isolada não pressupõe a presença de uma dada principal, mas apenas de uma principal qualquer. Portanto, é a categoria das proposições principais que é selecionada pela categoria das subordinadas. A seleção mútua existe entre as categorias de funtivos, enquanto que a relação que a seguir existe entre um membro de uma categoria de funtivos e um membro de uma outra pode ser bem diferente: por exemplo, uma combinação. Uma das tarefas da teoria da linguagem é estabelecer um cálculo geral sobre as relações entre os elementos que correspondem às relações dadas entre as categorias de funtivos.

Se a base da análise é uma solidariedade ou uma combinação, ou seja, uma reciprocidade sintagmática, as categorias de funtivos serão, nesse caso:

1. funtivos que só podem aparecer como solidários;
2. funtivos que só podem aparecer como combinados;
3. funtivos que podem aparecer como solidários e como combinados;
4. funtivos que não podem aparecer como solidários nem como combinados (ou seja, funtivos que só contraem seleções ou que não contraem relação alguma).

A solidariedade ou a combinação estarão presentes, aqui também, entre as categorias de funtivos, enquanto que os elementos podem contrair outras relações. Vimos um exemplo disso mais acima, quando mencionamos os morfemas nominais latinos (cf. Cap. 9): a categoria dos números e a dos casos são solidárias, mas há combinação entre um determinado número e um determinado caso.

18. Sincretismo

Podemos agora abordar o fenômeno conhecido na gramática tradicional sob o nome de *sincretismo* e na fonologia moderna sob o nome de *neutralização,* que consiste no fato de que, em certas condições, a comutação entre duas invariantes pode ser suspensa. Limitar-nos-emos aqui a exemplos bem conhecidos, como o do nominativo e do acusativo neutro (e certos outros casos) em latim e a neutralização entre *p* e *b* em dinamarquês na posição final na sílaba (ou seja, no caso em que, numa palavra como *top,* se pode pronunciar indiferentemente *p* ou *b*).

Para casos assim utilizaremos o termo *suspensão,* e introduziremos a seguinte definição geral: quando um determinado funtivo está presente em certas condições e ausente em outras, diremos que, nas condições em que o funtivo está presente, há *aplicação* desse funtivo — e deste diz-se que ele se *aplica* — e, nas condições em que ele está ausente, há *suspensão* ou *ausência* desse funtivo, do qual se diz então que está *suspenso* ou *ausente.*

Chamaremos de *superposição* uma mutação suspensa entre dois funtivos, e a categoria estabelecida por uma superposição será (nos dois planos da língua) um *sincretismo.* Diremos por exemplo que o nominativo e o acusativo em latim, como *p* e *b* em dinamarquês, superpõem-se mutuamente, ou contraem uma superposição e constituem juntos um sincretismo, ou ainda que cada um deles entra num sincretismo.

Das definições segue-se que quando duas grandezas em determinadas condições são registradas como invariantes na

94 PROLEGÔMENOS A UMA TEORIA DA LINGUAGEM

base da prova de comutação, e quando elas contraem, em condições modificadas, uma superposição, nesse caso elas serão, nessas condições modificadas, variantes, e somente seu sincretismo será uma invariante. Nos dois casos, as condições dependem das relações que contraem as grandezas em questão na cadeia: em latim, a comutação entre o nominativo e o acusativo (que se aplica, por exemplo, na primeira declinação) é suspensa quando o nominativo e/ou o acusativo contraem uma relação com o neutro; em dinamarquês, a comutação entre *p* e *b* (que se aplica, por exemplo, em posição inicial: *pære — bære*) é suspensa quando *p* e/ou *b* contraem uma relação com a parte silábica central que os precede.

É necessário entender que a relação que é pertinente nestes casos é uma relação com *variantes*. A grandeza cuja presença é uma condição necessária para a superposição entre o nominativo e o acusativo é a variedade de neutro solidário do nominativo-acusativo. Do mesmo modo, a grandeza cuja presença é uma condição necessária para a superposição entre *p* e *b* é a variedade da parte silábica central solidária de um elemento *p/b* na posição seguinte.

Chamaremos de *dominância* uma solidariedade entre uma variante e uma superposição, e diremos que a variante *domina* a superposição que, portanto, é *dominada* pela variante [1].

A principal vantagem das definições formais é que elas permitem distinguir facilmente a dominância obrigatória da opcional sem precisar recorrer aos dados sociológicos que as definições realistas desses termos necessariamente implicariam. Dados estes que significariam, na melhor das hipóteses, uma complicação do instrumental das premissas na teoria e que com isso estariam em conflito com o princípio de simplicidade, e na pior das hipóteses, envolveria talvez até mesmo premissas metafísicas, tendo por conseqüência, num sentido mais amplo, um conflito com o princípio de empirismo e mais especialmente um conflito com a exigência de uma perfeita explicação das definições. Conceitos como obrigatória e opcional, conforme sua definição realista atual, quer ela seja explícita ou não, supõem necessariamente um conceito de norma sociológica que se demonstra inteiramente supérfluo na teoria da linguagem. Portanto, podemos definir simplesmente uma dominância *obrigatória* como uma dominância na qual, em relação ao sincretismo, a dominante é uma *variedade,* e uma dominância *opcional* com uma dominância na qual, em relação ao sincretismo, a dominante é uma *variação;* quando a superposição é obrigatória em determinadas condições, há solidariedade entre a dominante e o sincretismo, ou seja, a categoria das grandezas que podem

---

1. Em vez de *dominância* pode-se, em relação aos exemplos citados, preferir o termo mais particular *sincretização*, conservando o termo *dominância* para um uso mais geral onde ele se aplicará igualmente às defectividades.

contrair a superposição; quando a superposição é opcional em determinadas condições, há combinação entre a dominante e o sincretismo.

Os sincretismos podem manifestar-se de duas maneiras diferentes: a *fusão* e a *implicação*. Por *fusão* entendemos a manifestação de um sincretismo que, do ponto de vista da hierarquia da substância, é idêntico à manifestação de todos ou de nenhum dos funtivos que entram num sincretismo. Os sincretismos que citamos como exemplo manifestam-se como fusões nas quais a manifestação do sincretismo é idêntica à manifestação de todos os funtivos (isto é, dois) que entram num sincretismo. Deste modo, o sincretismo do nominativo e do acusativo tem a significação "nominativo-acusativo" (em diferentes contextos, esta significação produz as manifestações de variedades que o nominativo e o acusativo, aliás, têm). Igualmente, o sincretismo *p/b* pronuncia-se como *p* e *b* e são aliás pronunciados (em diversas combinações com as mesmas manifestações de variedades). Um exemplo de um sincretismo onde a manifestação não é idêntica à de nenhum dos funtivos que entram no sincretismo encontra-se na superposição de diferentes vogais em determinadas condições de acentuação em russo e em inglês onde o sincretismo se pronuncia [ə]. Por *implicação,* entendemos a manifestação de um sincretismo que, do ponto de vista da hierarquia da substância, é idêntico à manifestação de um ou vários funtivos que entram no sincretismo, mas não de todos. Se, numa língua, as consoantes surdas e sonoras contraem uma comutação mútua, mas se, diante de uma outra consoante, esta comutação é suspensa de tal modo que uma surda torna-se sonora diante de uma outra sonora, há implicação. Entre os funtivos que contraem uma implicação, o ou os funtivos cuja manifestação é idêntica à do sincretismo dizem-se *estarem implicados pelo* outro ou outros funtivos que, estes, *implicam* o ou os funtivos cuja manifestação é idêntica à do sincretismo. No exemplo escolhido, diremos portanto que, em determinadas condições, uma consoante surda implica uma consoante sonora, e uma consoante sonora é implicada por uma consoante surda. Se o sincretismo entre surdas e sonoras (como costuma acontecer, por exemplo, nas línguas eslavas) produz-se de modo tal que não apenas a consoante surda se torna sonora diante de uma consoante sonora, mas também que a consoante sonora se torna surda diante de uma surda, a implicação não é mais *unilateral* mas sim *multilateral* ou, como neste caso, *bilateral*: a sonora implica a surda e a surda implica a sonora em condições mutuamente exclusivas.

É possível destacar que o emprego que fazemos do termo *implicação* concorda exatamente com o emprego feito pela logística, não passando de uma aplicação particular da

96 PROLEGÔMENOS A UMA TEORIA DA LINGUAGEM

utilização feita por esta disciplina. A implicação é uma função se-então que, nos exemplos, aplica-se não a proposições mas a grandezas de menor extensão: *se* tivermos a grandeza de expressão glossemática *p* numa determinada relação com uma outra, *então* teremos *q*. A implicação lógica entre proposições não nos parece constituir mais do que um outro caso particular da implicação lingüística [2].

Um sincretismo pode ser *resolúvel* ou *irresolúvel*. *Resolver* um sincretismo é introduzir a variedade de sincretismo que não contrai a superposição que estabelece o sincretismo. Se, a despeito do sincretismo, é possível interpretar *templum* como uma forma de nominativo num certo contexto, e como uma forma do acusativo em outro, é que o sincretismo latino do nominativo e do acusativo é resolúvel nos casos que estamos considerando. Para resolvê-lo, é preciso escolher, na categoria do nominativo e do acusativo, isto é, no interior do sincretismo, uma variedade que não contrai a superposição (por exemplo, a variedade nominativa de *domus* e a variedade acusativa de *domum*) e introduzir artificialmente essa grandeza de conteúdo em *templum,* em vez da grandeza casual que dele participa. Isto é possível em virtude de uma inferência analógica que repousa sobre o princípio de generalização. Um sincretismo só é resolúvel quando tais inferências são possíveis na base dos resultados da análise do esquema lingüístico. Uma tal analogia generalizante não é possível no caso de *top,* e neste caso devemos declarar irresolúvel o sincretismo *p/b*.

De uma cadeia que comporta sincretismos resolúveis, mas não resolvidos, pode-se dizer *atualizada,* enquanto que de uma cadeia que comporta sincretismos resolúveis resolvidos pode-se dizer que ela é *ideal*. Esta distinção é aplicável à distinção entre as notações finas e grosseiras da expressão, notações que portanto são possíveis na base da análise do esquema lingüístico.

Quando se resolve um sincretismo, efetuando-se uma notação ideal, esta notação (escrita ou pronúncia) — representando o sincretismo por um de seus membros — será ela mesma uma implicação onde o sincretismo implicará o membro em questão. Parece-nos que assim descrita essa situação será pertinente para a análise da conclusão lógica que, segundo as lógicas modernas, é uma operação puramente lingüística e que, portanto, deve ser elucidada a partir de dados lingüísticos. Dissemos mais acima (cf. Cap. 10) que era possível definir a conclusão lógica como a análise de uma proposição pressuposta. Estamos agora capacitados a

---

2. A semelhança é tanto mais notável quando se consideram as proposições como nomes compostos, cf. J. JØRGENSEN, Reflexions on logic and language, *The Journal of Unified Science*, 8, Haia, 1939-1940, p. 223 e s. e Empiricism and unity of science, *The Journal of Unified Science*, 9, Haia, 1941, p. 185 e s.

precisar nosso pensamento: deve-se, manifestamente, compreender a proposição pressuposta como o sincretismo resolúvel de suas conseqüências; a conclusão lógica é, portanto, uma articulação da proposição pressuposta que consiste em uma resolução, sob a forma de implicação, desse sincretismo.

Em suma, parece-nos que o conceito de sincretismo oriundo de dados internos da lingüística poderia ser vantajosamente explorado para elucidar, de modo generalizante, fatos que se tem o costume de considerar como não sendo lingüísticos. Certamente se poderá com isso trazer um pouco de luz para o problema geral dos relacionamentos entre classe e componente. Na medida em que um paradigma não é considerado como a simples soma de seus membros (*class as many,* na terminologia de Russell), mas como algo diferente (*class as one*), ele será um sincretismo resolúvel. Pela resolução do sincretismo, uma *class as one* transforma-se numa *class as many.* Conseqüentemente, deveria ser evidente que se se tenta emprestar uma significação científica ao termo *conceito,* deve-se entender por isso um sincretismo entre objetos (ou seja, entre objetos compreendidos pelo conceito).

Num sincretismo, além das grandezas explícitas, também pode entrar a grandeza zero, que é de uma particular importância para a análise lingüística. Muitas vezes já se insistiu sobre a necessidade de reconhecer a existência de grandezas lingüísticas *latentes* e *facultativas,* e sobretudo dos "fonemas"[3]. Deste modo é possível, a partir dos dados de uma certa análise, sustentar a existência de um *d/t* latente nas palavras francesas *grand* e *sourd,* porque *d* ou *t* aparece nessas expressões quando as condições são diferentes: *grande, sourde.* Pode-se igualmente concluir pela facultatividade de γ em dinamarquês depois de *i* e *u* (*yndig, kugle*). Basta uma breve reflexão para mostrar que a latência e a facultatividade não podem ser definidas como manifestações suspensas; as funções consideradas têm sua razão de ser no esquema lingüístico uma vez que as condições nas quais aparecem a latência e a facultatividade são fixadas por relações na cadeia e repousam sobre a dominância. Portanto, latência e facultatividade devem ser compreendidas como superposições com zero. A *latência* é uma superposição com zero cuja dominância é obrigatória (porque a dominante em relacionamento com o sincretismo é uma variedade) e do funtivo que contrai uma latência se diz que é *latente.* A facultatividade é uma superposição com zero cuja dominância é opcional (uma vez que a dominante em relacionamento com o sincretismo é uma variação) e do funtivo que contrai uma facultatividade se diz que é *facultativo.*

3. J. BAUDOUIN DE COURTENAY, Fakultative Sprachlaute (*Donum natalicium Schrijnen*, 1929, p. 38 e s.). A. MARTINET operou com um latente em sua análise do francês (*Bulletin de la Société de linguistique de Paris*, XXXIV, 1933, p. 201 e s.).

19. Catálise

Como vimos (cf. Caps. 9 a 11), a análise consiste num registro de funções. Adotando esse ponto de vista, deve-se prever a possibilidade de que o registro de certas funções obrigue, em virtude da solidariedade que existe entre função e funtivo, a interpolar certos funtivos inacessíveis ao conhecimento por outras vias. Diremos que essa interpolação é uma *catálise*.

Na prática, a catálise é uma condição necessária à efetuação da análise. A análise do latim deve, por exemplo, levar ao reconhecimento de que a proposição *sine* seleciona (rege) o ablativo (cf. Cap. 9) o que significa, conforme nossas definições, que a presença de um ablativo no texto é uma condição necessária à presença de *sine* (e não o contrário). É evidente que não se pode chegar a tal constatação apenas à base de uma observação mecânica das grandezas de fato encontradas nos textos. Pode-se muito bem imaginar que existe um texto onde *sine* se encontra sem ablativo, especialmente se, por uma razão qualquer, o texto encontra-se interrompido ou inacabado (inscrição amputada, fragmento, enunciado oral ou escrito incompleto). O registro de toda coesão pressupõe necessariamente, de início, a eliminação dessa espécie de acidentes da fala. Ora, os fatos suscetíveis de constituir um obstáculo ao registro mecânico das coesões nos textos não se limitam a essas perturbações acidentais. Sabe-se que a aposiopese e a abreviação participam igualmente, com uma parte considerável, na economia da prática de toda língua (por exemplo, expressões como: *Que bom! Se você soubesse! Porque sim!*). Se, na análise, houvesse a

100 PROLEGÔMENOS A UMA TEORIA DA LINGUAGEM

obrigação de registrar relações nessa base, só se chegaria, com toda plausibilidade (e contra o objetivo da ciência, cf. Cap. 16) a registrar puras combinações.

No entanto, a exigência de exaustividade tem por efeito registrar o reconhecimento dessas aposiopeses etc., como tais no momento em que são registradas; com efeito, a análise deve registrar ao mesmo tempo as relações que as grandezas observadas apresentam e as coesões que superam uma dada grandeza ou se remetem a algo fora dela. Na presença de um texto latino que se interrompe num *sine,* pode-se ainda registrar uma coesão (seleção) com um ablativo, o que significa que a condição da existência de *sine* se deixa interpolar; o mesmo acontece em todos os casos semelhantes. Esta interpolação de uma causa a partir de sua conseqüência é possível de acordo com o princípio de generalização.

Por outro lado, deve-se cuidar para que, efetuando uma catálise, não se introduza no texto outra coisa que não aquilo cuja justificação possa ser feita em termos estritos. No caso de *sine,* sabe-se com certeza que se supõe um ablativo; além do mais, também são conhecidas as condições necessárias para a presença de um ablativo latino: ele pressupõe a existência de certos outros morfemas na cadeia, e sabemos que uma cadeia de morfemas assim formada pressupõe a coexistência de um tema. Todavia, como o ablativo não é solidário de um morfema definido em cada categoria, mas apenas de certas categorias de morfemas (cf. Cap. 17), e como uma cadeia de morfemas que compreendem um caso, um número, um gênero e eventualmente um morfema de comparação não contrai coesões com um tema nominal dado, mas sim com a categoria de todos os temas nominais, a presença de *sine* não nos autoriza a introduzir por catálise um substantivo particular no ablativo. Na maioria dos casos, o que é introduzido por catálise não é, portanto, uma grandeza particular mas um sincretismo irresolúvel de todas as grandezas que se poderia conceber para a "posição" considerada na cadeia. No caso de *sine,* temos a sorte de saber que a única coisa que pode estar em questão como condição é um ablativo; mas quanto às grandezas que por sua vez o ablativo pressupõe, sabemos apenas que é um número qualquer, um gênero qualquer e um morfema de comparação qualquer (naturalmente, conforme as possibilidades do inventário latino) e um tema qualquer. De fato, ele pressupõe indiferentemente não importa qual dessas grandezas, e tampouco a catálise deve ultrapassar essa constatação.

Definiremos a *catálise* como o registro de coesões através do câmbio de uma grandeza por outra com a qual ela contrai uma substituição. Em nosso exemplo, a grandeza *sine* é a grandeza cambiada e *sine* + ablativo (+ os sincretismos que lhe são coesivos) é a grandeza cambiante. A grandeza cambiante, portanto, sempre é igual à grandeza cambiada (*catalisada*) + uma grandeza interpolada (*introduzida por catálise*). Quanto à grandeza introduzida por catálise, é verdade, como vimos, que na maioria das vezes, mas não obrigatoriamente, se trata de um sincretismo que freqüentemente, mas não necessariamente, é latente (as grandezas latentes, de resto, só podem ser registradas por catálise à base do princípio de generalização) e que, finalmente, sempre e necessariamente, se for uma grandeza de conteúdo, ela tem a expressão zero e, se for uma grandeza de expressão, tem o conteúdo zero. Essa é uma conseqüência da exigência contida na definição de uma substituição entre grandeza cambiada e grandeza cambiante.

20. Grandezas da Análise

É essencialmente à base das considerações e das definições expostas nos capítulos anteriores, definições especificadas e completadas a seguir pelo número necessário de regras de caráter mais técnico, que a teoria da linguagem prescreve uma *análise do texto;* esta análise leva a que se reconheça uma forma lingüística por trás da "substância" imediatamente perceptível e uma língua (um sistema) atrás do texto; o sistema consiste em *categorias* cujas definições permitem deduzir as *unidades* possíveis da língua. O núcleo desse procedimento é uma catálise através da qual a forma é catalisada na substância, e a língua no texto. O procedimento é puramente formal, no sentido em que considera as unidades da língua como compostas por um certo número de figuras às quais se aplicam certas regras precisas de transformação. Estas regras são estabelecidas sem considerar a substância na qual as figuras e as unidades se manifestam. A hierarquia lingüística e, por conseguinte, a dedução lingüística também, é independente das hierarquias física e fisiológica e, em geral, das hierarquias e deduções não lingüísticas que poderiam conduzir a uma descrição da "substância". Portanto, não se deve esperar desse procedimento dedutivo nem uma semântica, nem uma fonética, mas, tanto para a expressão da língua quanto para seu conteúdo, uma "álgebra lingüística" que constitui a base formal para uma ordenação das deduções de substância não lingüística. As grandezas "algébricas" de que se utiliza o procedimento não têm nenhuma denominação natural, mas, no entanto, devem ser designadas de um modo qualquer. De acordo com o

104 PROLEGÔMENOS A UMA TEORIA DA LINGUAGEM

caráter do conjunto da teoria da linguagem, esta denominação será arbitrária e adequada. Graças a seu caráter arbitrário, essas denominações não comportam nada que implique na manifestação, e graças a sua adequação, são escolhidas de modo tal que se possa, do modo mais simples possível, ordenar as informações sobre a manifestação. Em virtude do relacionamento arbitrário entre forma e substância, uma única grandeza da forma lingüística poderá ser manifestada por formas de substância inteiramente diferentes de uma língua para outra. A projeção da hierarquia da forma sobre a da substância pode ser essencialmente diferente segundo as línguas.

O procedimento se rege pelos princípios fundamentais (cf. Caps. 3, 6 e 14) a partir dos quais é possível, além do mais, especialmente em relação à análise do texto, deduzir o *princípio de descrição exaustiva*:

Toda análise (ou todo complexo de análise) na qual os funtivos são registrados com uma determinada função como base da análise deve ser feita de modo a conduzir não contraditoriamente ao maior número possível de categorias de funtivos realizadas, no interior do maior número possível de categorias funcionais.

Na prática, resulta desse princípio que, na análise do texto, não se deve omitir nenhuma fase da análise eventualmente suscetível de dar um resultado funcional (cf. Cap. 13) e que a análise deve proceder das invariantes que têm a maior extensão possível às que têm a menor extensão concebível, de modo que entre esses dois pontos extremos se atravesse o maior número possível de graus de derivados.

Só nisso nossa análise já difere radicalmente da análise tradicional. Com efeito, esta última não leva em conta nem as partes do texto de grande extensão, nem as de extensão reduzida. Uma tradição explícita ou implícita quer que a análise lingüística comece pela divisão de uma frase em proposições, enquanto que o tratamento das partes do texto mais consideráveis, tais como os grupos de frases, é deixado para outras ciências, principalmente para a lógica e para a psicologia. Confrontado com um texto não analisado, composto por exemplo por tudo aquilo que foi escrito e dito em francês, o lingüista ou o gramático estava portanto autorizado a se lançar desde logo numa fase onde esse texto se resolve em proposições. Teoricamente, ele deve então provavelmente supor que uma análise lógico-psicológica das partes maiores do texto já foi efetuada, mas conforme o espírito da tradição, não é nem mesmo necessário inquietar-se com saber se uma tal análise já ocorreu ou não, nem se ela foi feita de modo satisfatório do ponto de vista lingüístico.

GRANDEZAS DA ANÁLISE

105

A questão que levantamos aqui não é o problema da divisão do trabalho mas sim o de posicionar os objetos segundo suas definições. Deste ponto de vista, é certo que a análise do texto — assim como a análise das partes do texto de maior extensão — cabe ao lingüista como uma obrigação ineludível. O texto deve ser dividido com seleção e com reciprocidade como bases de análise e o lingüista deve, em cada análise distinta, procurar obter partes que tenham a maior extensão possível. É fácil ver que um texto de uma extensão muito grande ou mesmo ilimitada apresenta possibilidades de divisão em partes de grande extensão, definidas por seleção, solidariedade ou combinação mútuas. Da primeira dessas divisões resultam a linha da expressão e a do conteúdo, que contraem uma solidariedade mútua. Dividindo cada uma destas separadamente, será possível e mesmo necessário analisar a linha do conteúdo, entre outros, em gêneros literários, e a seguir analisar as ciências em pressuponentes (selecionantes) e pressupostas (selecionadas). As sistemáticas da crítica literária e das ciências em geral também encontram seu lugar natural no quadro da teoria da linguagem e, no interior da análise das ciências, a teoria da lingüística deve chegar a compreender sua própria definição. Numa fase mais avançada do procedimento, as partes maiores do texto serão novamente divididas em obras, tomos, capítulos, parágrafos etc., à base de seus relacionamentos de pressuposição; a seguir, da mesma maneira, em frases e proposições, divisão que levará, entre outras, à análise dos silogismos em premissas e conclusões, fase da análise lingüística em que a lógica formal deve manifestamente situar uma parte essencial de seus problemas. Em tudo isto se percebe uma considerável ampliação das perspectivas da teoria da linguagem, de seu quadro e de sua capacidade, e a base de uma colaboração motivada e organizada entre a lingüística, no sentido estrito, e uma quantidade de outras disciplinas até aqui consideradas geralmente, mais ou menos erroneamente, como situadas fora do domínio da lingüística.

Nas operações finais da análise, a teoria da linguagem levará a uma divisão que atinge grandezas menores que as até então consideradas como invariantes irredutíveis. Isto se aplica não apenas ao plano do conteúdo, em relação ao qual vimos que a lingüística tradicional está longe de ter levado a fundo a análise, mas também ao plano da expressão. Nos dois planos, a divisão baseada na relação atingirá uma fase onde a seleção é utilizada pela última vez como base de análise. Nesta fase, a análise levará ao registro de um inventário de *taxemas* que serão elementos virtuais; no plano da expressão, os taxemas serão, *grosso modo,* as formas lingüísticas que se manifestam pelos fonemas, ressalvando-se no entanto que uma análise rigorosa efetuada segundo o princípio

106 PROLEGÔMENOS A UMA TEORIA DA LINGUAGEM

de simplicidade freqüentemente conduz a resultados essencialmente diferentes dos produzidos pelas análises fonemáticas até aqui tentadas. Sabe-se, no entanto, que esses taxemas podem ser, por sua vez, divididos por uma análise *universal* que os classifica segundo regras específicas em sistemas com duas, três ou várias dimensões [1]. Não podemos aqui entrar em detalhes quanto a essas regras que repousam sobre o fato de que, no interior de uma mesma categoria, os elementos lingüísticos não diferem apenas quantitativamente mas também qualitativamente [2]. Limitar-nos-emos a assinalar em princípio este fato até agora negligenciado pelos lingüistas, fato segundo o qual quando um inventário de taxemas é "organizado em um sistema", a conseqüência lógica disso é uma divisão ulterior de cada taxema. Suponhamos, por exemplo, que uma categoria tenha um inventário de 9 taxemas e que estes sejam classificados, conforme as regras especiais de distribuição qualitativa, num sistema de duas dimensões que comporta três membros por dimensão de modo que os 9 taxemas sejam descritos como um produto de 3 x 3; os membros das dimensões serão partes de taxema, uma vez que cada um dos 9 taxemas aparece agora como uma unidade que compreende um membro de uma dimensão e um membro da outra; os 9 taxemas serão a seguir descritos como produtos de $3 + 3 = 6$ invariantes, ou seja, os membros das dimensões; obtém-se com essa operação uma descrição mais simples que satisfaz de modo mais completo ao princípio de redução, sob a forma especificada (cf. Cap. 14). As duas dimensões contraem, enquanto categorias, uma solidariedade mútua e cada membro de uma dimensão contrai uma combinação com cada membro da outra dimensão. Os membros das dimensões surgem assim como partes de taxema e como invariantes irredutíveis. É da extensão do inventário que depende essencialmente a possibilidade de uma tal "organização em sistema" de um inventário de taxemas. Quando a coisa é possível, são então os membros das dimensões e não os taxemas que se tornam os pontos terminais da análise; chamaremos de *glossemas* esses pontos terminais e se admitimos que um taxema de expressão se manifesta em geral por um fonema, um glossema de expressão se manifestará, ordinariamente, através de uma parte de fonema.

Quando a dedução sintagmática da análise do texto está terminada, começa uma dedução paradigmática por meio da qual a língua se articula em *categorias* nas quais as categorias

---

1. Ver, por exemplo, os sistemas estabelecidos pelo autor: La catégorie des cas I-II (*Acta Jutlandica* VII, I e IX, 2, 1935-37). Sistemas análogos podem ser estabelecidos para o plano da expressão.

2. Ver La Catégorie des Cas, I, p. 112 e s. e JENS HOLT, Etudes d'aspect (*Acta Jutlandica* XV, 2, 1943), p. 26 e s. Uma apresentação completa deste aspecto da teoria da linguagem (apresentada ao Círculo Lingüístico a 27/4/1933) será publicada sob o título de Structure générale des corrélations linguistiques em *Travaux du Cercle linguistique de Copenhague* XIV.

de taxemas de grau mais alto na análise do texto são repartidas e de onde, a seguir, por síntese, as *unidades* possíveis da língua podem ser deduzidas. Percebe-se assim que as duas faces da língua (os planos) têm uma estrutura categorial e perfeitamente análoga, descoberta que nos parece ser de considerável alcance para a compreensão do princípio estrutural da língua e mesmo da natureza da semiótica. Vê-se também que uma tal descrição sistemática da língua efetuada à base do princípio de empirismo não permite nenhuma sintaxe e nenhuma ciência das partes do discurso. Como vimos, as grandezas da sintaxe são, na maioria, variedades, e as "partes do discurso" da gramática tradicional são grandezas que se reencontrarão, sob uma forma redefinida, em posições bastante diferentes no interior da hierarquia das unidades.

A ciência das categorias pressupõe, no entanto, um aparelhamento tão vasto e tão coerente de termos e de definições que seus detalhes não podem ser expostos com proveito sem que essa ciência seja apresentada em toda sua extensão; por outro lado, tal como a ciência das unidades que a determina, ela não pode ser tratada nos prolegômenos da teoria.

21. Linguagem e Não-Linguagem

Em relação à escolha e delimitação de nosso objeto, seguimos até aqui (cf. Cap. 7) a concepção tradicional da lingüística ao considerar a *língua "natural"* como o único objeto da teoria da linguagem. Mas, ao mesmo tempo, (cf. Cap. 7), anunciamos uma ampliação do campo visual; é chegado o momento de proceder a essa ampliação, e este será o objeto dos capítulos seguintes (Caps. 21 a 23). Insistimos em ressaltar que estas novas perspectivas estão longe de constituir apêndices arbitrariamente acrescentados, e no fundo supérfluos, mas que, pelo contrário, *a partir apenas da consideração da linguagem "natural"*, elas aparecem como necessárias e impõem-se como uma conseqüência lógica inelutável daquilo que foi exposto. Quando quer definir o objeto de sua ciência, o lingüista vê-se obrigado a penetrar em domínios que, segundo a concepção tradicional, lhe são estranhos. Este fato, aliás, já marcou nossa exposição, uma vez que, partindo de premissas técnicas e colocando os problemas em termos técnicos, fomos levados a fazer colocações epistemológicas de caráter mais geral.

De fato, está claro que não apenas as considerações inteiramente gerais que fomos levados a apresentar como também os termos aparentemente mais específicos que introduzimos aplicam-se não apenas à linguagem "natural" como também à linguagem num sentido muito mais amplo. É justamente porque a teoria está estabelecida de modo tal que a forma lingüística é nela estudada sem levar em consideração a "substância" (sentido), que o instrumental introduzido poderá ser aplicado a toda estrutura cuja forma é análoga à da linguagem "natural". Nossos exemplos foram extraídos da linguagem "natural", e este foi nosso próprio ponto de partida, mas aquilo que a seguir estabelecemos e ilustramos com esses exemplos não é manifestamente específico da linguagem "natural", tendo, pelo contrário, um alcance mais amplo. Assim, o estudo das funções e sua análise (cf. Caps. 9 a 11 e 17), o do signo (cf. Cap. 12), da expressão e do conteúdo, o da forma, da substância e do sentido (cf. Caps. 13 e 14), o da comutação e da substituição, o das variantes, das invariantes e da análise das variantes (cf. Caps. 14 e 16), o da classe e do componente (cf. Caps. 10 e 18) e finalmente o da catálise (cf. Cap. 19) têm um caráter unilateral e são válidos para o sistema de signos em geral (ou para os sistemas de figuras que servem para formar signos). Em outras palavras, a linguagem "natural" pode ser descrita à base de uma teoria extremamente pouco específica que implica necessariamente conseqüências ulteriores.

Já fomos obrigados a falar disso em certas ocasiões. Pensamos poder afirmar o caráter universal dos conceitos de processo, de sistema e da interação entre eles (cf. Cap. 2); nossos pontos de vista sobre a linguagem "natural" levaram-no a incluir em sua teoria alguns aspectos essenciais da ciência literária, da filosofia das ciências e da lógica formal (cf. Cap. 20), e finalmente não pudemos evitar fazer observações quase inevitáveis sobre a natureza da conclusão lógica (cf. Caps. 10 e 18).

Ao mesmo tempo, fomos levados a considerar como constituindo o estudo do sentido do conteúdo lingüístico um grande número de disciplinas científicas estranhas à lingüística, e em relação a esse ponto traçamos, de algum modo, uma fronteira entre linguagem e não-linguagem (cf. Cap. 15), fronteira cujo caráter provisório, no entanto, já ressaltamos.

A teoria da linguagem tal como está estabelecida se sustenta ou cai com aquilo que denominamos de princípio de empirismo (cf. Cap. 3). Este nos leva (com as reservas necessárias quanto à própria terminologia, cf. Caps. 13 e 15) a aceitar como uma necessidade lógica a distinção saussuriana entre forma e "substância" (sentido), da qual resulta que *a "substância" não pode em si mesma definir uma língua.* Deve ser possível imaginar substâncias radicalmente diferentes do ponto de vista da hierarquia da substância que estejam ligadas a uma e mesma forma lingüística; a relação arbitrária entre a forma lingüística e o sentido faz disto uma necessidade lógica.

O longo império da fonética tradicional, aliás, teve por efeito limitar a concepção que os lingüistas têm da noção de linguagem "natural" de uma maneira manifestamente não empírica, isto é, inadequada porque não exaustiva. Acredi-

LINGUAGEM E NÃO-LINGUAGEM

111

tou-se que a substância da expressão da linguagem falada devia consistir exclusivamente de "sons". Tal como os Zwirner ressaltaram recentemente, com isso se negligenciou o fato de que a fala é acompanhada pelo gesto e pela mímica, com algumas de suas partes podendo mesmo ser substituídas por estes e, como dizem os Zwirner, que na realidade não apenas os órgãos da fala (garganta, boca e nariz) como também a musculatura de fibras estriadas contribui para o exercício da linguagem "natural" [1].

Pode-se, aliás, trocar a substância sonoro-gesticulatória e gestual habitual por qualquer outra substância apropriada, quando as circunstâncias modificadas se prestarem a isso. A mesma forma lingüística pode assim manifestar-se por escrito, como acontece na notação fonética ou fonemática e nas ortografias ditas "fonéticas", como a do finlandês. Trata-se, aqui, de uma "substância" gráfica que se dirige apenas ao olho e que não precisa ser transposta em "substância" sonora a fim de ser percebida ou compreendida. Do ponto de vista da substância, justamente, esta "substância" gráfica pode ser de natureza diversa. Pode haver também outras "substâncias": basta pensar nos códigos de bandeirolas das frotas de guerra que podem muito bem ser empregados como manifestação de uma língua "natural", como o inglês por exemplo, ou no alfabeto dos surdos-mudos.

Freqüentemente opõem-se duas objeções a este enfoque. Conforme a primeira delas, todas essas substâncias são "derivadas" em relação à substância sonoro-gesticulatória e gestual, e "artificiais" em oposição ao caráter "natural" desta última. É possível mesmo, neste caso, produzirem-se "derivações" de vários graus; seria o caso de um código de bandeiras ou de um alfabeto de surdos-mudos derivados da escrita que, ela, derivaria da linguagem "natural". A segunda objeção ressalta que, num certo número de casos, uma mudança de "substância" é acompanhada por uma mudança de forma lingüística; deste modo, nem todas as ortografias são "fonéticas" e levariam a análise a estabelecer um inventário de taxemas diferentes, e talvez a reconhecer categorias diferentes das da língua falada.

A primeira dessas objeções não tem valor, pois o fato de que uma manifestação seja "derivada" de uma outra em nada muda o fato de que se trata de uma manifestação da forma lingüística considerada. Além do mais, não é sempre possível decidir entre aquilo que é derivado e o que não é; não se deve esquecer que a invenção do alfabeto remonta à pré-história [2], de modo que sustentar que ele repousa numa

---

1. ZWIRNER, Eberhard & ZWIRNER, Kurt. *Archives néerlandaises de phonétique expérimentale*, XIII, 1937. p. 112.
2. É com justa razão que B. Russell insiste sobre a ausência de qualquer critério para decidir qual é o mais antigo meio de expressão do homem, se a escrita ou a fala (*An outline of philosophy*, Londres, 1947, p. 47).

112 PROLEGÔMENOS A UMA TEORIA DA LINGUAGEM

análise fonética nunca será mais do que adiantar uma das hipóteses diacrônicas possíveis; pode-se pensar também que ele está baseado numa análise formal da estrutura da língua [3]. A lingüística moderna, aliás, sabe muito bem que as considerações diacrônicas não são pertinentes para a descrição sincrônica.

A segunda objeção não é mais pertinente que a primeira, pois ela em nada altera a constatação do fato geral segundo o qual uma forma lingüística é manifestada na substância dada. Não obstante, essa objeção tem o interesse de mostrar que a um mesmo sistema de conteúdo podem corresponder sistemas de expressão diferentes. A tarefa do lingüista é, a partir daí, não apenas descrever o sistema de expressão efetivamente constatado, como também calcular quais são os sistemas de expressão possíveis de um determinado sistema de conteúdo, e vice-versa. É fato que se pode com facilidade demonstrar experimentalmente que um sistema qualquer de expressão lingüística pode manifestar-se através de substâncias de expressão extremamente diferentes [4].

Deste modo, vários usos fonéticos e vários usos escritos podem ser relacionados com um único sistema de expressão de um mesmo esquema lingüístico. Uma língua pode sofrer uma mudança de natureza puramente fonética sem que o sistema de expressão de seu esquema lingüístico seja com isso afetado, assim como ela pode sofrer uma mudança de natureza semântica sem que o sistema de conteúdo de seu esquema lingüístico seja de modo algum afetado. É somente assim que é possível distinguir entre as *mudanças fonéticas* e as *mudanças semânticas* de um lado, e as *mudanças formais* do outro.

Partindo das considerações fundamentais que expusemos, não há nada de surpreendente em tudo isto. As grandezas da forma lingüística são de natureza "algébrica" e não têm denominações naturais, podendo ser designadas arbitrariamente de diferentes maneiras.

Essas diferentes denominações da substância em nada dizem respeito à teoria do esquema lingüístico, que delas não depende. A tarefa principal do teórico é a de fixar por definições o princípio estrutural da língua para daí deduzir

---

3. A respeito, consultar o autor em *Archiv für vergleichende Phonetik* II, 1938, p. 211 e s.

4. A respeito do relacionamento entre escrita e fala, ver A. PENTTILÄ & U. SAARNIO em *Erkenntnis* IV, 1934, p. 28 e s. e H. J. ULDALL em *Congrès International des Sciences Anthropologiques et Ethnologiques, Compte rendu de la deuxième session*, Copenhague, 1939, p. 374. Entre as considerações e as análises mais antigas da escrita feitas de um ponto de vista estrutural, J. BAUDOUIN DE COURTENAY, *Ob otnošenii russkogo pis'ma k russkomu jazyku*, S. Petersburgo, 1912, e *Vvedenie v jazykovedenie*, 4. ed., 1912, p. 15 e s., e F. de SAUSSURE, *Cours*, 2. ed., principalmente p. 165. Finalmente, um estudo pouco claro de JOSEF VACHEK, Zum Problem der geschriebenen Sprache (*Travaux du Cercle Linguistique de Prague* VIII, 1939, p. 94 e s.). Ainda não foi feita uma análise da escrita que faça abstração dos sons.

LINGUAGEM E NÃO-LINGUAGEM 113

um cálculo geral sob a forma de uma tipologia cujas categorias são línguas, ou antes, tipos de línguas. Todas as possibilidades devem ser aqui antecipadamente previstas, mesmo aquelas que, no domínio da experiência, são virtuais ou permanecem sem manifestação "natural" ou "constatada".

Nesse cálculo geral, não se trata de se um tipo estrutural particular é manifestado, mas apenas se é manifestável e, bem entendido, manifestável em qualquer substância. Portanto, a substância não condiciona necessariamente a forma lingüística, enquanto que a forma lingüística condiciona obrigatoriamente a substância. Em outras palavras, a *manifestação* é uma seleção na qual a forma lingüística é a constante e a substância, a variável. Do ponto de vista formal, definimos a manifestação como uma seleção entre hierarquias e derivadas de hierarquias diferentes. Concordando com Saussure, pode-se chamar de *forma* a constante (a *manifestada*) de uma manifestação. Se a forma é uma língua, nós a chamamos de *esquema lingüístico* [5]. Sempre concordando com Saussure, pode-se chamar de *substância* a variável (a *manifestante*) de uma manifestação; chamaremos de *uso lingüístico* uma substância que manifesta um esquema lingüístico.

A partir dessas premissas, podemos definir formalmente uma *semiótica* como uma *hierarquia da qual qualquer um dos componentes admite uma análise ulterior em classes definidas por relação mútua, de tal modo que qualquer dessas classes admite uma análise em derivados definidos por mutação mútua.*

Esta definição, simples conseqüência de tudo que desenvolvemos até aqui, obriga o lingüista a considerar como seu objeto não apenas a língua "natural" mas também toda semiótica — toda estrutura análoga que satisfaça à condição dada. A língua (natural) deve ser considerada apenas como um caso particular desse objeto mais geral; suas propriedades específicas que dizem respeito apenas ao uso em nada afetam a definição proposta.

Será bom lembrar que não se trata simplesmente, aqui, de propor uma divisão prática do trabalho, mas sim da fixação de nosso objeto por meio de definições. O lingüista pode e deve concentrar toda sua atenção sobre as línguas "naturais" e deixar para outros especialistas, principalmente para os lógicos, a tarefa de estudar as outras estruturas semióticas; mas o lingüista não pode se ligar impunemente ao estudo das línguas sem levar em conta as perspectivas mais amplas que asseguram sua orientação na direção dessas estruturas análogas; elas lhe podem ser até mesmo de interesse imediato,

---

5. *Esquema* foi aqui adotado de preferência a *padrão* sugerido em meu artigo "Langue et parole" (*Cahiers de Ferdinand Saussure* II, 1942, p. 43; *Essais linguistiques*, p. 81).

114   PROLEGÔMENOS A UMA TEORIA DA LINGUAGEM

pois freqüentemente são uma construção mais simples que as línguas e melhores modelos para um estudo preparatório. Além do mais, mostramos que, partindo de premissas puramente lingüísticas, estreita colaboração entre a logística e a lingüística é necessária ao lingüista neste domínio.

A partir de Saussure, a lingüística admite que a língua não poderia ser estudada como um fenômeno isolado. Saussure exigia que a lingüística, no sentido restrito do termo, se baseasse numa disciplina que ele batizara de semiologia (de σημεῖον, "signo"). Esta é a razão pela qual, nos anos anteriores à Segunda Guerra Mundial, alguns círculos lingüísticos ou influenciados pela lingüística e interessados na pesquisa de fundamentos (especialmente na Tcheco-Eslováquia) tentaram estudar, a partir de uma base semiológica mais geral, sistemas de signos outros que não as línguas e, em particular, os trajes nacionais, a arte e a literatura [6].

É verdade que é a partir de uma base essencialmente sociológica e psicológica que é concebida a disciplina geral de que Saussure fala em seu *Cours,* embora ele esboce ao mesmo tempo algo que só pode ser compreendido como uma ciência da forma pura, uma concepção da linguagem como estrutura abstrata de transformações, que ele explica a partir de estruturas análogas ao reconhecer que certos traços essenciais da estrutura semiológica, e talvez todos os traços essenciais, se encontram nas estruturas que chamamos de *jogos,* como por exemplo o jogo de xadrez, ao qual ele dedica uma atenção toda especial. São estas considerações que devemos pôr em primeiro plano quando se quer tentar construir a lingüística no sentido mais amplo, a "semiologia", a partir de uma base *imanente.* É graças a essas considerações que surgirão, ao mesmo tempo, a possibilidade e a necessidade de uma estrita colaboração entre a lingüística e a logística. Alguns lógicos modernos escolheram justamente como objeto principal de suas pesquisas os sistemas de signos e os sistemas de jogos considerados como sistemas de transformação abstratos, e com isso foram levados a desejar, de seu lado, um estudo da língua partindo do mesmo ponto de vista [7].

Portanto, parece frutífero e necessário estabelecer num novo espírito um ponto de vista comum a um grande número de ciências que vão da história e da ciência literária, artística

---

6. Ver, entre outros, P. BOGATYREV, *Příspěvek k strukturální etnografii* (*Slovenská Miscellanea,* Bratislava, 1931); idem, *Funkčno-štrukturálna metoda a iné metody etnografie i folkloristiky* (*Slovenské pohľady* LI, 10, 1935); idem, *Funkcie kroja na moravskom Slovensku* (*Spisy národopisného odboru Matice slovenskej* I, Matica Slovenská, 1937). (resumo em francês p. 68 e s.); JAN MUKAŘOVSKÝ, *Estetická funkce, norma a hodnota jako sociální fakty* (*Fonction, norme et valeur esthétiques comme faits sociaux*), Praga, 1936; idem, *L'art comme fait sémiologique* (*Actes du huitième Congrès international de philosophie à Prague 2-7 septembre 1934,* Praga, 1936 pp. 1065-1072. Uma tentativa de conjunto de criar uma semiologia geral foi feita recentemente por E. BUYSSENS, *Les langages et les discours,* Coll. Lebègue, Bruxelas, 1943.

7. A obra principal é a de RUDOLF CARNAP, *Logische Syntax der Sprache,* Viena, 1934; edição ampliada, *The logical syntax of language,* 1937.

LINGUAGEM E NÃO-LINGUAGEM 115

e musical à logística e à matemática, a fim de que a partir desse ponto de vista comum estas se concentrem ao redor de uma problemática definida em termos lingüísticos. Cada uma à sua maneira, estas ciências poderiam contribuir para a ciência geral da semiótica ao procurar especificar até que ponto e de que modo seus diferentes objetos são suscetíveis de serem analisados em conformidade com as exigências da teoria da linguagem. Deste modo, provavelmente uma nova luz poderia ser projetada sobre essas disciplinas e provocar um exame crítico de seus princípios. A colaboração entre elas, frutífera sob todos os aspectos, poderia criar assim uma enciclopédia geral das estruturas de signos.

Dentro da esfera extraordinariamente vasta desses problemas, duas questões particulares vão agora reter nossa atenção. Primeiramente: na totalidade das estruturas semióticas, qual o lugar que se deve atribuir à língua? E em segundo lugar: onde fica a fronteira entre semiótica e não-semiótica?

Uma *língua* pode ser definida como uma paradigmática cujos paradigmas se manifestam por todos os sentidos, e um *texto* pode ser definido, de modo semelhante, como uma sintagmática cujas cadeias são manifestadas por todos os sentidos. Por *sentido* entenderemos uma classe de variáveis que manifestam mais de uma cadeia em mais de uma sintagmática, e/ou mais de um paradigma em mais de uma paradigmática. Na prática, uma língua é uma semiótica na qual todas as outras semióticas podem ser traduzidas, tanto todas as outras línguas como todas as estruturas semióticas concebíveis. Esta tradutibilidade resulta do fato de que as línguas, e elas apenas, são capazes de formar não importa qual sentido [8]; é apenas uma língua que é possível "ocupar-se com o inexprimível até que ele seja exprimido" [9]. De resto, é esta propriedade que torna a língua utilizável enquanto tal, e que a torna capaz de satisfazer em qualquer situação. Não temos de nos perguntar aqui em que reside essa propriedade notável: ela sem dúvida resulta de uma particularidade estrutural que compreenderíamos melhor se estivéssemos melhor informados sobre a estrutura específica das semióticas não-lingüísticas. Estamos inclinados a supor que a razão disso é a possibilidade ilimitada de formação de signos e as regras bastante livres que regem a formação de unidades de grande extensão (como as frases, por exemplo) em todas as línguas, o que, por outro lado, tem por efeito o fato de permitir formulações falsas, ilógicas, imprecisas, feias e imorais, bem como formulações verdadeiras, lógicas, precisas, belas e

---

8. Fizemos esta observação independentemente do lógico polonês ALFRED TARSKI (*Studia philosophica* I, Lwów, 1935); ver J. JØRGENSEN, *Traek af deduktionsteoriens udvikling i den nyere tid* (*Festskrift udg. af Københavns Universitet*, nov. 1937), p. 15.
9. Kierkegaard.

116 PROLEGÔMENOS A UMA TEORIA DA LINGUAGEM

morais. As regras gramaticais de uma língua são independentes de toda escala de valores, quer seja lógica, estética ou ética e, de modo geral, a língua é desprovida de qualquer finalidade específica.

Quando se pretende traçar a fronteira entre semiótica e não-semiótica, é-se de início tentado a acreditar que os jogos estão situados bem perto dessa fronteira, ou talvez sobre a própria fronteira. A fim de avaliar a estrutura dos jogos comparada com a das semióticas que não são jogos, não deixa de ter interesse comparar a maneira pela qual essas estruturas foram consideradas até aqui independentemente uma da outra pela lingüística e pela logística. Os lógicos insistiram no fato de que um jogo, o jogo de xadrez por exemplo, é um sistema de transformações que obedece ao mesmo princípio estrutural de uma semiótica (uma semiótica matemática, por exemplo) e estão inclinados a considerar o jogo como o exemplo-tipo simples, como normativo para a concepção de uma semiótica. Quanto aos lingüistas, estes viram a analogia no fato de que o jogo é um sistema de valores análogos aos valores econômicos, e consideraram as línguas e os outros sistemas de valores como normativos para a concepção dos jogos. A diferença de pontos de vista tem razões históricas. A teoria lógica dos signos tem seu ponto de partida na metamatemática de Hilbert, cuja idéia consistia em considerar o sistema de símbolos matemáticos como um sistema de figuras de expressão independentemente de seu conteúdo, e descrever suas regras de transformação tal como se descreveriam as regras de um jogo, independentemente de suas possíveis interpretações. Esta idéia foi adotada pelos lógicos poloneses em sua "metalógica" e a seguir por Carnap numa teoria dos signos em que, em princípio, toda semiótica é considerada como um simples sistema de expressão no qual o conteúdo não intervém. Em toda metassemiótica, isto é, em toda descrição de uma semiótica, uma *inhaltliche Redeweise* deveria, segundo este ponto de vista, poder ser substituída por uma *formale Redeweise* [10]. A teoria dos signos em lingüística tem, pelo contrário, profundas raízes na tradição que pretende que um signo seja definido por sua significação, tradição com a qual Saussure estava às voltas e que ele especificou e justificou através da introdução do conceito de valor que permite o reconhecimento da forma do conteúdo e da bilateralidade do signo conduzindo a uma teoria dos signos que repousa numa interação da forma da expressão e da forma do conteúdo no princípio de comutação.

---

10. Como introdução ao problema pode-se ler as resenhas introdutórias de J. JØRGENSEN, *op. cit.*, de L. BLOOMFIELD, Language or Ideas? (*Language* XII, 1936, p. 89 e s.) e por OTTO NEURATH e EINO KAILA na revista *Theoria* II, 1936, p. 72 e s. e p. 83 e s. Cf. também G. H. von WRIGHT, *Den logiska empirismen*, Estocolmo, 1943.

LINGUAGEM E NÃO-LINGUAGEM

Na lógica, onde o debate sobre a natureza do signo continua, parece-se considerar esse problema, no essencial, como uma questão de nominalismo ou realismo [11]. Para a teoria lingüística da linguagem à qual o presente estudo serve de introdução, não se trata disso mas, antes, de decidir se é necessário ou não integrar o *sentido do conteúdo* na própria teoria dos signos. Como o sentido do conteúdo se revela supérfluo para a definição e descrição do esquema semiótico, uma formulação formal e uma atitude nominalista são simultaneamente necessárias e suficientes. Por um lado, a descrição formal e nominalista preconizada pela teoria da linguagem não se limita à forma da expressão; pelo contrário, ela tem seu objeto na interação desta com uma *forma do conteúdo*. A distinção feita por Saussure entre forma e substância parece ser excepcionalmente pertinente à problemática atual da logística.

Esta base permite ver mais facilmente as diferenças e as analogias entre os jogos e as semióticas que não são jogos. O que decide se há ou não signo não é o fato de ser ele interpretado, isto é, de que lhe seja atribuído um sentido do conteúdo. Em virtude da seleção que existe entre o esquema e o uso semióticos, não há, para o cálculo da teoria, nenhum sistema interpretado, mas apenas sistemas interpretáveis. Portanto, em relação a esse ponto não há nenhuma diferença entre a álgebra pura ou o jogo de xadrez de um lado e, por exemplo, uma língua, do outro. A fim de decidir se os jogos, ou outros sistemas de quase-signos tais como a álgebra pura, são ou não semióticas, é necessário ver se a descrição exaustiva deles exige ou não que se opere com o reconhecimento de dois planos, ou se o princípio de simplicidade pode ser aplicado de tal modo que um único plano seja suficiente.

A condição que exige que se opere reconhecendo dois planos deve ser que, quando se tenta levantar os dois planos, não se possa demonstrar que os dois planos têm a mesma estrutura com uma relação unívoca entre os funtivos de um plano e os do outro plano. Expressaremos isto dizendo que os dois planos não devem ser *conformes* um ao outro. Diz-se que dois funtivos são conformes se não importa qual derivado particular de um dos funtivos contrai exclusivamente as mesmas funções que um derivado particular do outro funtivo, e vice-versa. A partir disto, podemos enunciar a regra segundo a qual dois componentes de uma mesma classe que se está tentando estabelecer devem ser reduzidos a uma só se forem conformes e não comutáveis. A prova instituída por esta regra, que chamaremos *prova do derivado,* é exigida pela teoria para cada fase da análise do texto, paralelamente

---

11. Por exemplo, U. SAARNIO, no trabalho citado, p. 66.

118   PROLEGÔMENOS A UMA TEORIA DA LINGUAGEM

à prova de comutação; estas duas provas são conjuntamente necessárias para decidir se um dado objeto é ou não uma semiótica. Não entraremos aqui na aplicação desta prova aos derivados de mais alto grau da semiótica (o processo) e consideraremos apenas os derivados de primeiro grau da semiótica: os dois planos. Estes não contraem comutação mútua e apenas a conformidade ou não-conformidade entre eles permite decidir se devem ser identificados ou tratados separadamente (observemos, a propósito, que no primeiro caso a teoria da linguagem não pode ser aplicada ao objeto considerado). A experiência indutiva mostra que a prova de derivado tem um resultado negativo para todas as línguas observadas até aqui, e sem dúvida apresentará o mesmo resultado para várias outras estruturas já consideradas como semióticas ou que, por essa razão, devem sê-lo a partir de então. Também parece fora de dúvida que a prova de derivado tem um resultado positivo para várias das estruturas que as teorias modernas se comprazem em considerar como semióticas. Isto se vê facilmente no que diz respeito aos jogos puros onde a interpretação encontra uma grandeza de conteúdo correspondente a cada grandeza de expressão (peça do xadrez ou coisa semelhante), de modo que as redes funcionais dos dois planos que se tentará estabelecer serão idênticas. Uma tal estrutura, portanto, não é uma semiótica no sentido em que se entende a teoria da linguagem. Cabe aos especialistas dos diversos domínios decidir se os sistemas de símbolos matemáticos ou lógicos, ou certas artes como a música, podem ou não ser definidos desse ponto de vista como semióticas. Não parece impossível que a concepção logística de uma semiótica como sendo monoplanar seja o resultado de se ter partido de estruturas que, segundo nossa definição, não são semióticas e que diferem portanto, num ponto fundamental, das verdadeiras estruturas semióticas, procurando-se subseqüentemente uma generalização prematura.

Propomos chamar de *sistemas de símbolos* essas estruturas que são interpretáveis, uma vez que é possível atribuir-lhes um sentido de conteúdo, mas que não são biplanares uma vez que, segundo o princípio de simplicidade, uma forma de conteúdo não pode nelas ser introduzida por catálise. Em lingüística, freqüentemente se hesitou na aplicação do termo *símbolo* para grandezas que se comportam de modo inteiramente arbitrário em relação a suas interpretações [12]. Desse ponto de vista, a palavra *símbolo* só deveria ser utilizada para grandezas que são isomorfas com sua interpretação, tais como representações ou emblemas como o Cristo de Thorvaldsen, símbolo da misericórdia, a foice e o martelo, símbolo do

___

12. SAUSSURE, *Cours*, 2. ed., p. 101, por exemplo, define o símbolo como não-arbitrário.

LINGUAGEM E NÃO-LINGUAGEM

comunismo, os pratos e a balança, símbolo da justiça, ou as onomatopéias no domínio da língua. Em logística, no entanto, existe o costume de empregar o termo *símbolo* numa acepção muito mais ampla e parece que pode ser interessante aplicá-lo a grandezas não-semióticas interpretáveis. Parece existir um parentesco essencial entre as peças interpretáveis de um jogo e os símbolos isomorfos, pois nenhum deles admite a análise ulterior em figuras, que é característica dos signos. Na discussão sobre a natureza do signo que envolveu os lingüistas nestes últimos anos, a atenção foi atraída, com justa razão, para o caráter agramatical dos símbolos isomorfos [13]. Trata-se da mesma idéia, porém formulada em termos tradicionais.

---

13. BUYSSENS, E. *Acta linguistica* II. 1940-1941. p. 85.

22. Semióticas Conotativas e Metassemióticas

Enquanto nos capítulos anteriores, por uma simplificação voluntária, apresentamos a língua "natural" como o único objeto da teoria da linguagem, no capítulo anterior, apesar de uma considerável ampliação de nossa perspectiva, ainda procedemos como se o único objeto da teoria fosse as *semióticas denotativas*. Entendemos, por esse termo, semióticas das quais nenhum dos planos é uma semiótica. Resta-nos demonstrar, ampliando mais ainda nossa perspectiva, que há também semióticas cujo plano da expressão é uma semiótica e também outras cujo plano do conteúdo é uma semiótica. Chamaremos as primeiras de *semióticas conotativas* e as segundas de *metassemióticas*. Como o plano da expressão e o plano do conteúdo só se definem por oposição um em relação ao outro, segue-se que as definições aqui propostas de semiótica conotativa e de metassemiótica são apenas definições "realistas" provisórias, às quais não se pode nem mesmo atribuir um valor operacional.

Quando, no capítulo anterior, definimos a *semiótica,* esta definição não dizia respeito à semiótica individual por oposição a outras semióticas, mas sim semióticas por oposição a não-semióticas, isto é, a *semiótica* como um tipo hierárquico superior, a língua como conceito enquanto *class as one.* Quando se trata de opor uma semiótica individual a uma outra semiótica, sabemos que o teórico a prevê em seu cálculo como um tipo possível de estrutura. Por outro lado, ainda não consideramos a maneira como o teórico deve comportar-se na análise do texto a fim de reconhecer e

122 PROLEGÔMENOS A UMA TEORIA DA LINGUAGEM

identificar como tal a semiótica individual. Quando estabelecemos o procedimento da análise, admitimos tacitamente que o objeto proposto era um texto redigido numa dada semiótica e não numa mistura de duas ou mais semióticas.

Em outras palavras, a fim de estabelecer uma situação-tipo simples trabalhamos supondo que o texto dado apresenta uma homogeneidade estrutural e que, legitimamente, só podemos nele introduzir, por catálise, um único sistema semiótico. No entanto, esta suposição não resiste a um exame; pelo contrário, todo texto, se não for reduzido demais para constituir uma base suficiente de dedução do sistema generalizável a outros textos, habitualmente contém derivados que repousam em sistemas diferentes. Diversas partes ou partes de partes de um texto podem apresentar-se:

1. sob diversas *formas estilísticas* (verso e prosa, mistura de ambos);
2. sob diversos *estilos* (estilo criador e estilo imitativo, dito estilo normal; estilo ao mesmo tempo criador e imitativo, denominado arcaizante);
3. sob diversos *estilos de valores* (estilo de valor elevado e estilo de valor mais baixo, dito vulgar; e também um estilo de valor neutro que não pode ser considerado nem como um, nem como o outro desses);
4. sob diversos *gêneros de estilos* (fala, escrita, gestos, código de bandeiras etc.);
5. sob diversos *movimentos* (cólera, alegria etc.);
6. sob diversos *idiomas,* entre os quais se deve distinguir:

   a) diversos tipos vernaculares (linguagem comum a uma comunidade, linguagens que pertencem a diversos grupos sociais e profissionais);
   b) diversas *línguas nacionais;*
   c) diversas *linguagens regionais* (linguagem corrente, dialeto etc.);
   d) diversas *fisionomias* (no que diz respeito à expressão, diferentes "órgãos" ou "voz").

Forma estilística, estilo, estilo de valor, gênero de estilo, movimento, vernáculo, língua nacional, linguagem regional e fisionomia, são categorias mutuamente solidárias, de modo que todo funtivo de semiótica denotativa deve ser definido simultaneamente em relação a cada uma delas. Combinando um membro de uma categoria com um membro de uma outra categoria, surgem híbridos que freqüentemente já receberam ou facilmente podem receber designações particulares:

SEMIÓTICAS CONOTATIVAS E METASSEMIÓTICAS 123

estilo literário para um estilo criador que é um estilo de valor elevado; gíria para um estilo criador que é um estilo de valor ao mesmo tempo elevado e vulgar; jargão e código para estilos criadores que não são estilos de valores nem elevados nem vulgares [1]; linguagem familiar para um estilo normal que não é um estilo de valor nem elevado nem vulgar; estilo oratório para um estilo de valor elevado que é fala e linguagem comum; estilo predicatório para um estilo de valor elevado que é fala e linguagem profissional; estilo administrativo para um estilo de valor elevado que é estilo arcaizante, escrita e linguagem profissional, e assim por diante.

A finalidade desta enumeração não é esgotar o assunto e menos ainda dar definições formais, mas apenas mostrar a existência desses fatos e sua multiplicidade.

Os membros individuais de cada uma dessas classes e as unidades que resultam de sua combinação serão chamados de *conotadores*. Entre esses conotadores, alguns podem ser solidários de certos sistemas de esquemas semióticos; outros, de certos sistemas de usos semióticos, e outros ainda, de ambos ao mesmo tempo. Não se pode sabê-lo antecipadamente pois isso depende das situações. Citando apenas possibilidades que podem parecer extremas, é impossível saber antecipadamente se uma fisionomia (as falas de uma pessoa em oposição à de uma outra) representa apenas um uso específico e não, ao mesmo tempo, um esquema específico (que talvez mal difira do outro, mas que mesmo assim em algo dele difere), ou se uma língua nacional representa um esquema lingüístico específico ou então, por oposição a uma outra língua nacional, apenas um uso específico, enquanto que os esquemas das duas línguas são idênticos. É por isso que, a fim de assegurar uma descrição não-contraditória e exaustiva, a teoria deve prescrever um procedimento de análise do texto que permita distinguir entre essas situações. É curioso constatar que até aqui, a lingüística atribuiu apenas um interesse menor a esta necessidade. Deve-se procurar as razões para isso nos pontos de vista transcendentais que foram adotados, como por exemplo o ponto de vista sociológico a partir do qual se acreditou ser legítimo sustentar o postulado (falso segundo toda probabilidade) segundo o qual, em virtude da existência

---

1. Um *jargão* pode ser definido como um estilo de valor neutro com signos específicos (mais freqüentemente, expressões de signos), e um *código* como um estilo de valor neutro com manifestações específicas de expressão. Aplicando o termo *estilo de gênero* a um idioma solidário de determinados gêneros literários (certos. dialetos do grego antigo são um exemplo típico), podemos definir uma *terminologia* como sendo, simultaneamente, um jargão e um estilo de gênero, e uma *semiótica científica* (contanto que não seja um sistema de símbolos) como, simultaneamente, um código e um estilo de gênero.

124   PROLEGÓMENOS A UMA TEORIA DA LINGUAGEM

de uma norma social, a estrutura interna de uma língua nacional seria específica e homogênea e, inversamente, uma fisionomia lingüística enquanto tal seria uma *quantidade negligenciável* que pode ser considerada simplesmente como representante de uma língua nacional. Apenas a escola de Londres foi conscientemente prudente: a definição do fonema dada por D. Jones aplica-se expressamente apenas à "pronunciation of one individual speaking in a definite style"[2].

Dada esta extensibilidade ilimitada do texto (sua produtividade), sempre haverá "traduzibilidade", isto é, substituição da expressão entre dois signos que pertencem cada uma a sua classe de signos, cada uma das quais é solidária de seu conotador. Este critério é particularmente aplicável aos signos de maior extensão que a análise do texto encontra em suas operações iniciais: todo derivado de texto (um capítulo por exemplo) pode ser traduzido de uma forma estilística, de um estilo, de um estilo de valor, de um gênero de estilo, de um movimento, de um vernáculo, de uma língua nacional, de uma língua regional, de uma fisionomia para qualquer outra delas. Vimos que essa traduzibilidade não é sempre recíproca quando se trata de semióticas que não são línguas; mas, neste caso, uma traduzibilidade unilateral é sempre possível. Na análise do texto, os conotadores aparecerão portanto como partes que entram em funtivos de tal maneira que estes contraem uma substituição mútua quando essas partes são deduzidas, e que em determinadas condições encontram-se em todos os funtivos de um determinado grau. Todavia, isto não basta para definir um conotador. Chamaremos de *indicador* uma grandeza que possui essas propriedades, e deveremos distinguir entre dois tipos de indicadores: os *sinais* (cf. Cap. 14) e os *conotadores;* o que os diferencia do ponto de vista operacional é que um sinal se deixa sempre relacionar sem ambigüidade a um único dos planos da semiótica, coisa que nunca é possível para um conotador.

Um *conotador,* por conseguinte, é um indicador que, em determinadas condições, encontra-se nos dois planos da semiótica.

No decorrer da análise, os conotadores deverão ser isolados da dedução. Os signos que diferem apenas porque são solidários de seus diferentes conotadores aparecerão, então, como variedades. Contrariamente às variantes ordinárias (cf. Cap. 16), essas variedades são particulares e devem ser tratadas à parte na análise ulterior. Procede-se

---

2. Ver p. 68, nota 3 e sobretudo D. JONES, *Travaux du Cercle Linguistique de Prague* IV, 1931, p. 74.

SEMIÓTICAS CONOTATIVAS E METASSEMIÓTICAS 125

assim a uma proteção contra a confusão entre esquemas semióticos diferentes (e usos diferentes); se se constatar mais tarde que há identidade, uma confrontação a tornará evidente.

Todavia, está claro agora que os conotadores constituem, eles também, um objeto que depende da semiótica, e não da disciplina que analisa as semióticas denotativas e cuja única tarefa é a de extrair os conotadores e conservá-los em vista de um tratamento ulterior. Este tratamento pertence a uma disciplina especial que determina o estudo das semióticas denotativas.

Parece evidente, agora, que a solidariedade que existe entre determinadas classes de signos e de determinados conotadores a uma *função semiótica*, uma vez que as classes de signos são a *expressão* desses conotadores considerados como *conteúdo*. Deste modo o ou os esquemas e usos semióticos que chamamos de língua portuguesa são a *expressão* do conotador "português". Do mesmo modo, o ou os esquemas e usos semióticos que chamamos a fisionomia lingüística NN são a *expressão* da fisionomia real NN (isto é, de uma tal pessoa). O mesmo acontece em todos os outros casos. Não é sem razão que a língua nacional é o "símbolo" da nação e que o dialeto é o "símbolo" de uma região.

Parece portanto legítimo considerar o conjunto dos conotadores como um conteúdo cujas semióticas denotativas são a expressão, e designar o todo formado por esse conteúdo e essa expressão pelo nome de *semiótica,* ou antes, de *semiótica conotativa.* Em outros termos, após o término da análise da semiótica denotativa, a semiótica conotativa deve ser submetida à análise segundo o mesmo procedimento, exatamente. Novamente, trata-se aqui de distinguir entre um esquema e um uso semióticos. Os conotadores deverão ser analisados à base de suas funções mútuas e não à base do sentido do conteúdo que lhes é atribuído ou que o pode ser. O estudo do esquema de uma semiótica conotativa não trata, portanto, das noções de caráter social ou religioso que normalmente se associam aos conceitos de língua nacional, dialeto, vernáculo, estilo etc., mas é necessário atribuir-lhe um estudo de seu uso tal como acontece com as semióticas denotativas.

Uma semiótica conotativa é portanto uma semiótica que não é uma língua e cujo plano da expressão é constituído pelos planos do conteúdo e da expressão de uma semiótica denotativa. É portanto uma semiótica da qual um dos planos, o da expressão, é uma semiótica.

126 PROLEGÔMENOS A UMA TEORIA DA LINGUAGEM

O que poderá surpreender aqui é que tenhamos encontrado uma semiótica cujo *plano da expressão* é uma semiótica. Os recentes desenvolvimentos da lógica, tais como os conhecemos através dos trabalhos dos lógicos poloneses, nos prepararam com efeito para reconhecer a existência de semióticas cujo *plano do conteúdo* é, ele próprio, uma semiótica. Foi a isso que se denominou metalinguagem [3] (diríamos nós, *metassemiótica*), isto é, uma semiótica que trata de uma semiótica; em nossa terminologia, isso deve significar uma semiótica cujo conteúdo é uma semiótica. A própria lingüística deve ser uma metassemiótica.

Como já ressaltamos, os conceitos de expressão e de conteúdo não podem dar lugar a definições formais, pois são designações atribuídas arbitrariamente a grandezas que só existem por oposição uma à outra e que só podem ser definidas negativamente. Deste modo, definiremos sobre uma outra base, articulando primeiramente a classe de semióticas em uma classe de semióticas científicas, depois em uma classe de semióticas não-científicas; isso pressupõe o conceito de *operação* que definimos acima. Chamaremos de *semiótica científica* [4] uma semiótica que é uma operação, e *semiótica não-científica* uma semiótica que não é. Assim, definiremos uma *semiótica conotativa* como sendo uma semiótica não-científica da qual um ou vários planos é (são) uma semiótica(s); e uma *metassemiótica* como uma semiótica científica da qual um ou vários planos é (são) uma semiótica(s). De fato, vimos que nos casos mais freqüentes um *único* dos dois planos é uma semiótica.

Como já observaram os lógicos, é possível além do mais imaginar uma semiótica científica que trata de uma metassemiótica e, na terminologia deles, podemos definir uma *meta-(semiótica científica)* como uma metassemiótica cuja semiótica-objeto é uma semiótica científica (uma semiótica que entra como um plano numa semiótica denomina-se *semiótica-objeto* desta). De acordo com a terminologia de Saussure, podemos definir a semiologia como uma metassemiótica cuja semiótica-objeto é uma semiótica não--científica. Chamaremos assim de *metassemiologia* uma *meta-(semiótica científica)* cujas semióticas-objetos são semiologias.

A fim de explicitar não apenas os fundamentos da lingüística mas também suas conseqüências últimas, a teoria da linguagem vê-se obrigada a acrescentar ao estudo das semió-

---

3. A respeito, ver a exposição de J. JØRGENSEN (cf. p. 115, nota), p. 9 e s.
4. Se não dizemos simplesmente *ciência* é porque é preciso encarar a possibilidade de que certas ciências não sejam semióticas no sentido que atribuímos a esse termo, mas sim sistemas de símbolos.

SEMIÓTICAS CONOTATIVAS E METASSEMIÓTICAS 127

ticas denotativas um estudo das semióticas conotativas e das metassemiologias. Esta obrigação cabe à lingüística porque ela só pode ser resolvida de modo satisfatório a partir das premissas específicas à lingüística.

Nossa última tarefa será, aqui, considerar a organização mais apropriada da *metassemiologia* do ponto de vista lingüístico.

Normalmente, uma metassemiótica será (ou poderá ser) inteiramente ou parcialmente idêntica à sua semiótica-objeto. A lingüística, por exemplo, que descreve uma língua, recorre a essa mesma língua em sua descrição. Do mesmo modo, as semiologias que descrevem semióticas que não são línguas poderão fazer essa descrição numa língua. Se este não for o caso, a semiótica de que se servirão sempre poderá ser traduzida numa língua (cf. a definição de língua). Disto resulta que se a metassemiologia deve fornecer uma descrição completa da semiótica de semiologia, ela virá a repetir uma grande parte dos resultados desta. No entanto, o princípio de simplicidade convida a que se siga um procedimento que permita evitar isso. Por considerações de adequação, devemos conceber a metassemiologia de tal modo que, na prática, seu objeto seja exclusivo em relação ao objeto da semiologia; aliás, devemos comportarmo-nos do mesmo modo com relação a eventuais metassemiologias de uma ordem superior, e evitar criar novas metassemiologias que não teriam objetos exclusivos em relação aos objetos já tratados.

A metassemiologia deve portanto concentrar seus esforços não sobre a língua já descrita pela semiologia, língua na qual essa semiologia também está elaborada, mas sobre as modificações eventuais dessa língua ou sobre as adições que ela lhe traz a fim de produzir seu jargão especial. Segue-se, de modo claro, que a metassemiologia não tem necessidade de fornecer a descrição das proposições que entram na teoria da semiologia se ela puder provar que essas proposições são unidades possíveis que já podiam ser previstas pelo sistema da língua. Seu domínio é, por outro lado, a *terminologia* específica da semiologia, e veremos que ela utiliza três tipos de termos:

1. Termos que entram como definíveis no sistema de definições da semiologia e cujo conteúdo portanto já está definido, isto é, analisado (cf. Cap. 14) pela própria semiologia. Estes termos não pertencem ao domínio específico da metassemiologia.

2. Termos que são emprestados da língua e que como indefiníveis entram para o sistema de definições da semiologia. Contrariamente à situação dos indefiníveis em outras

128 PROLEGÔMENOS A UMA TEORIA DA LINGUAGEM

ciências, estes têm uma condição particular na semiologia: foram extraídos da semiótica-objeto da semiologia que já os terá definido em sua análise do plano do conteúdo. Esses termos tampouco pertencem ao domínio específico da metassemiologia.

3. Termos que não são tirados da língua (mas em relação aos quais deve-se supor que tenham uma estrutura de expressão que concorda com o sistema da língua) e que entram como indefiníveis nas proposições da semiologia. É ainda necessário distinguir aqui entre dois tipos de termos:

a) Os termos que designam variações de último grau de invariante de último grau, isto é, variações de glossemas (e variações de sinais) de último grau, as variações últimas "mínimas" (indivíduais e/ou variações localizadas) das quais a semiologia veio a tratar em sua análise. Essas variações são necessariamente conservadas como indefiníveis pela semiologia, dado que definição para nós significa análise e que uma análise no interior da semiologia é aqui, justamente, impossível. Por outro lado, uma análise dessas variações torna-se possível no interior da metassemiologia, uma vez que estas devem ali ser descritas como signos mínimos que entram na semiologia, e serem analisadas então como o foram os signos mínimos da língua na semiologia, isto é, através de uma resolução em figuras baseada na prova da comutação aplicada à semiótica de semiologia, e por uma articulação em variantes. Veremos efetivamente que as grandezas que entram como variantes nos planos do conteúdo e da expressão da língua (ou em qualquer semiótica-objeto de primeiro grau) serão invariantes do plano de conteúdo da semiologia.

b) Os termos que designam categorias de variantes e de invariantes de todos os graus. Considerados como *class as one,* seus conteúdos serão sincretismos das grandezas anteriormente mencionadas em (a) ou sincretismos dos sincretismos destas.

Cabe portanto à metassemiologia submeter os signos mínimos da semiologia, cujo conteúdo é idêntico às últimas variantes do conteúdo e da expressão da semiótica-objeto (a língua), a uma análise relacional efetuada segundo as mesmas regras prescritas para a análise dos textos. Neste caso, como nessa análise dos textos, deve-se procurar registrar, tanto quanto possível, grandezas realizadas, isto é, grandezas suscetíveis de uma análise *particular.*

A fim de compreender o que pode ocorrer aqui, não se deve esquecer que a distinção de Saussure entre forma e substância não pôde ser mantida sem modificação, e que na realidade ela se revelou como abrangendo uma distinção

SEMIÓTICAS CONOTATIVAS E METASSEMIÓTICAS   129

entre duas formas, cada uma no interior de sua hierarquia. Na língua, por exemplo, um funtivo pode ser considerado seja como forma lingüística seja como forma de sentido. Estas duas maneiras de ver fazem parecer diferentes dois objetos que no entanto podem, num certo sentido, ser considerados como idênticos, uma vez que a única coisa que aí há de diferente é o ponto de vista adotado. A distinção de Saussure e a formulação por ele dada não devem, portanto, levar-nos a acreditar que os funtivos descobertos graças à análise de um esquema lingüístico não podem ser considerados, com alguma razão, como sendo de natureza física. Pode-se muito bem dizer que são grandezas físicas (ou seus sincretismos) que são definidas por função mútua. Do mesmo modo, é legítimo dizer que a análise que a metassemiologia faz do conteúdo dos signos mínimos é uma análise de grandezas físicas que se definem por função mútua. Em que medida é possível, enfim, considerar todas as grandezas de uma semiótica qualquer, tanto em seu conteúdo como em sua expressão, como grandezas físicas, ou, pelo menos, como redutíveis a grandezas físicas? Esta é uma questão puramente epistemológica do fisicalismo contra o fenomenalismo. Esta questão tem sido objeto de um debate [5] a respeito do qual não vamos aqui tomar posição, e em relação ao qual tampouco o esquema lingüístico tem de tomar posição. Por outro lado, no debate lingüístico atual pudemos discernir uma certa tendência, tanto entre os adeptos como entre os adversários do ponto de vista glossemático, a incorrerem em erro a respeito da essência do problema, como se o objeto que o lingüista analisa ao introduzir por catálise uma forma lingüística não pudesse ser de natureza física, como o objeto que o "teórico da substância" deve analisar ao introduzir por catálise esta ou aquela forma de sentido não-lingüístico. É necessário dissipar esse mal-entendido a fim de compreender a tarefa da metassemiologia. Graças à mudança de ponto de vista que implica a passagem de uma semiótica-objeto para sua metassemiótica, a metassemiologia adquire, novamente, meios para retomar e levar mais adiante, através da aplicação dos próprios métodos semiológicos, a análise que, do ponto de vista semiológico, estava esgotada. O que significa dizer, simplesmente, que as variantes últimas da língua são submetidas a uma análise particular ulterior numa base inteiramente física. *Por outras palavras, na prática a metassemiologia é idêntica à descrição da substância.* A tarefa da metassemiologia é efetuar uma análise não contraditória, exaustiva e a mais

---

5. A respeito, ver, entre outros, os trabalhos já citados de BLOOMFIELD e de NEURATH (p. 116, nota) e de ADOLF Ross, On the Illusion of Consciousness (*Theoria* VII, 1941, p. 171 e s.).

130   PROLEGÔMENOS A UMA TEORIA DA LINGUAGEM

simples possível dos *objetos* que, para a semiologia, são individuais irredutíveis (ou grandezas localizadas) do conteúdo, e dos *sons* (ou dos caracteres da escrita) que igualmente são, para a semiologia, individuais (ou grandezas localizadas) irredutíveis da expressão. É na base das funções e segundo o procedimento já indicado, que a análise metassemiológica deve ser realizada até que ela se veja esgotada e que, aí também, sejam atingidas as variantes irredutíveis para as quais o critério das coesões nada mais oferece, se bem que a explicação por um encadeamento de razões e de causas deva ceder diante de uma descrição puramente estatística, que é então a única possível: a situação final da física e da fonética dedutiva.

Torna-se imediatamente evidente que uma metassemiótica pode e deve ser acrescentada à semiótica conotativa a fim de aí realizar a análise de seus objetos últimos. Assim como a metassemiologia das semióticas denotativas tratará na prática os objetos da fonética e da semântica sob uma forma reinterpretada, a maior parte da lingüística propriamente sociológica e a lingüística externa de Saussure encontrarão na metassemiótica das semióticas conotativas o seu lugar sob uma forma, ela também, reinterpretada. Cabe a esta metassemiótica analisar os múltiplos sentidos do conteúdo — geográficos e históricos, políticos e sociais, religiosos, psicológicos — que se ligam à nação (como conteúdo da língua nacional), à região (como conteúdo da língua regional), às formas de apreciação dos estilos, à personalidade (como conteúdo da fisionomia, tarefa essencialmente caracterológica), aos movimentos etc. Pode-se prever que inúmeras ciências especiais e antes de mais nada, sem dúvida, a sociologia, a etnologia e a psicologia, deverão trazer aqui sua contribuição.

Seguindo o espírito do princípio de simplicidade, metassemiologias de ordens superiores não deverão ser estabelecidas pois tal tentativa poderia demonstrar que elas não trariam outros resultados além daqueles obtidos pela metassemiologia de primeiro grau.

23. Perspectiva Final

A atitude rigorosamente prática e técnica de que o especialista freqüentemente necessita em seu trabalho e que, em lingüística, leva a formular a exigência da teoria da linguagem como uma simples exigência de um método seguro para determinado texto limitado redigido numa determinada língua "natural" definida antecipadamente, aos poucos teve de ceder o passo, no decorrer de nossa exposição, a uma atitude científica e humanista cada vez mais ampla que terminou por se impor e por nos levar a uma concepção de conjunto que dificilmente pode ser imaginada mais absoluta.

O simples ato de fala obriga o pesquisador a introduzir por catálise um sistema que seja coesivo com esse ato; a fisionomia particular é uma totalidade que cabe ao lingüista reconhecer através da análise e da síntese; mas não se trata de uma totalidade fechada; ela tem coesões externas que obrigam a introduzir por catálise outros esquemas e outros usos lingüísticos que, só estes, podem esclarecer a particularidade individual da fisionomia; ela tem igualmente coesões internas com um sentido conotativo que explica essa totalidade numa unidade e em sua variedade. Para o dialeto e o estilo, a fala e a escrita, a língua e as outras semióticas, este procedimento traça círculos cada vez mais amplos. Todo sistema é uma totalidade que se basta a si próprio; no entanto, nenhuma totalidade está isolada. Catálise sobre catálise obrigam a ampliar o campo visual até que se chegue a levar em conta todas as coesões. Não é apenas a língua

132 PROLEGÔMENOS A UMA TEORIA DA LINGUAGEM

considerada isoladamente que é o objeto do lingüista, mas sim a classe inteira das línguas, cujos membros estão ligados uns aos outros, explicam-se e se esclarecem uns aos outros. Não se pode traçar uma fronteira entre a teoria de um tipo particular de língua e a tipologia das línguas da qual um tipo tomado separadamente é apenas um caso particular que, como todo funtivo, só existe em virtude da função que o liga aos outros. Na tipologia calculatória da teoria da linguagem, todos os esquemas lingüísticos são previstos; eles constituem um sistema no qual cada um deles está ligado aos demais por correlações. Constatam-se também uma relação; é o contato entre as línguas que se revela em parte como relacionamentos de empréstimo, e em parte como parentescos lingüísticos genéticos e que, independentemente dos tipos lingüísticos, constitui famílias lingüísticas; estas relações, como todas as outras, repousam em relacionamentos de pura pressuposição que — tal como a relação que existe entre as partes do processo — manifestam-se no tempo sem serem, elas, definidas pela sucessão temporal.

De catálise em catálise, semiótica conotativa, metassemiótica e metassemiologia são obrigatoriamente integradas na teoria. Assim, todas as grandezas que, em primeira instância e considerando apenas o esquema da semiótica-objeto, deviam provisoriamente ser deixadas de lado como objetos não-semióticos, são reintegradas e compreendidas como componentes necessários das estruturas semióticas de ordem superior. A seguir, não existem não-semióticas que não sejam componentes de semióticas e, em última instância, não existe objeto algum que não possa ser esclarecido a partir da posição-chave que a teoria da linguagem ocupa. A estrutura semiótica se revela como um ponto de vista a partir do qual todos os objetos científicos podem ser examinados.

Portanto, a teoria da linguagem desempenha de uma maneira de início não-suspeitada todas as obrigações que ela se impusera (cf. Caps. 2 e 7). Em seu ponto de partida, ela se baseara na imanência, atribuindo-se por único objetivo a constância, o sistema e a função interna; aparentemente, isso deveria ser feito às custas das flutuações e dos matizes, às custas da vida e da realidade concreta, física e fenomenológica. Uma limitação provisória de nosso campo visual era o preço que se devia pagar para arrancar da linguagem seu segredo. Ora, é graças a este ponto de vista imanente que a linguagem devolve generosamente aquilo que, de início, ela exigira. A linguagem, considerada num sentido mais amplo que aquele que lhe é atribuído pela lingüística contemporânea, retomou sua posição-chave no domínio do conhecimento. Em vez de impedir a transcendência, a imanência, pelo contrário, deu-lhe uma base nova e mais sólida. A imanência e a transcendência juntam-se numa unidade superior baseada na imanência. A teoria lingüística, por necessidade interna, é levada a reconhecer não apenas o sistema lingüístico em seu esquema e seu uso, em sua totalidade assim como em seus detalhes, mas também o homem e a sociedade humana presentes na linguagem e, através dela, a atingir o domínio do saber humano em sua totalidade. Com isso, a teoria da linguagem atingiu a finalidade que se tinha atribuído:

humanitas et universitas.

Registro Alfabético dos Termos Definidos[1]

(Entre parêntese, os termos correspondentes em dinamarquês.)

análise (*analyse*), 1
aplicação (*ikraftraeden*), 47
articulação (*leddeling*), 30
autonomia (*autonomi*), 40
cadeia (*kaede*), 55
catálise (*katalyse*), 88
classe (*klasse*), 2
coesão (*kohaesion*), 17
combinação (*kombination*), 41
complementariedade (*komplementaritet*), 36
complexo de análises (*inddelingskomplex*), 5
componentes (*afsnit*), 3
comutação (*kommutation*), 59
conceito (*begreb*), 86
conetivo (*konnektiv*), 95
conformidade (*konformitet*), 96
conotador (*konnotator*), 101
constante (*konstant*), 12
constelação (*konstellation*), 16
contrair (*indgaa*), 10
correlação (*korrelation*), 26
dedução (*deduktion*), 19
definição (*definition*), 42
derivado (*derivater*), 21
determinação (*determination*), 15
divisão (*deling*), 31
dominância (*dominans*), 79
elemento (*element*), 93

entrar em (*indgaa i*), 23
especificação (*especifikation*), 38
esquema lingüístico (*sprogbygning*), 91
esquema semiótico (*semiotisk sprogbygning*), 58
estabelecimento (*etablering*), 46
facultatividade (*fakultativitet*), 82
forma (*form*), 51
função (*funktion*), 8
funtivo (*funktiv*), 9
fusão (*sammenfald*), 83
glossemas (*glossemer*), 65
grandeza (*størrelse*), 11
grau (*grad*), 24
hierarquia (*hierarki*), 4
implicação (*implikation*), 84
incluir (*indbefatte*), 22
indicadores (*indikatorer*), 99
indivíduo (*individ*), 72
indução (*induktion*), 25
interdependência (*interdependens*), 14
invariantes (*invarianter*), 63
latência (*latens*), 87
língua (*sprog*), 89
localizada (variedade) (*lokaliseret*), 73

---

1. Os números remetem ao número correspondente das "Definições".

136 PROLEGÓMENOS A UMA TEORIA DA LINGUAGEM

manifestação (*manifestation*), 50
membro (*led*), 56
metassemiologia (*metasemiologi*), 108
metassemiótica (*metasemiotik*), 104
meta-(semiótica científica) (*metavidenskabssemiotik*), 106
mutação (*mutation*), 44
obrigatória (dominância) (*obligatorisk*), 80
opcional (dominância) (*valgfri*), 81
operação (*operation*), 6
palavra (*ord*), 61
paradigma (*paradigme*), 54
paradigmática (*paradigmatik*), 67
parte (*del*), 57
particularidade (*partikularitet*), 33
permutação (*permutation*), 60
procedimento (*procedure*), 20
processo (*forløb*), 29
realização (*realisation*), 34
reciprocidade (*reciprocitet*), 18
relação (*relation*), 27
resolução (*opløsning*), 85
seleção (*selektion*), 39
semiologia (*semiologi*), 107
semiótica (*semiotik*), 53
semiótica científica (*videnskabssemiotik*), 102

semiótica conotativa (*konnotationssemiotik*), 103
semiótica denotativa (*denotationssemiotik*), 98
semiótica-objeto (*objektssemiotik*), 105
sentido (*mening*), 69
série (*raekk*), 43
sinal (*signal*), 100
sincretismo (*synkretisme*), 78
sintagmática (*syntagmatik*), 68
síntese (*syntese*), 7
sistema (*system*), 28
sistemas de símbolos (*sybolsystemer*), 97
solidariedade (*solidaritet*), 37
soma (*sum*), 45
substância (*substans*), 52
substituição (*substitution*), 62
superposição (*overlapping*), 49
suspensão (*suspension*), 48
taxema (*taxem*), 94
texto (*text*), 90
unidade (*enhed*), 74
universalidade (*universalitet*), 32
uso lingüístico (*sprogbrug*), 92
uso semiótico (*usu*), 66
variações (*variationer*), 70
variantes (*varianter*), 64
variável (*variabel*), 13
variedades (*varieteter*), 71
virtualidade (*virtualitet*), 35

Definições

(Os números entre parêntese remetem a outras definições explicitamente pressupostas.)

1. Análise: descrição de um objeto através das dependências homogêneas de outros objetos em relação a ele e entre elas reciprocamente.
2. Classe: objeto que é submetido à análise (1).
3. Componentes: objetos que são registrados por uma única análise como sendo homogeneamente dependentes da classe e deles mesmos reciprocamente (1, 2).
4. Hierarquia: classe de classes (2).
5. Complexo de análises: classe de análises de uma única e mesma classe (1, 2).
6. Operação: descrição de acordo com o princípio de empirismo.
7. Síntese: descrição de um objeto como componente de uma classe (2, 3).
8. Função: dependência que preenche as condições de uma análise (1).
9. Funtivo: objeto que tem uma função em relacionamento a outros objetos (8).
10. Contrair: diz-se de um funtivo: *contrair* sua função (8, 9).
11. Grandeza: funtivo que não é uma função (8, 9).
12. Constante: funtivo cuja presença é uma condição necessária para a presença do funtivo em relacionamento ao qual tem função (8, 9).
13. Variável: funtivo cuja presença não é uma condição necessária para a presença do funtivo em relacionamento ao qual tem função (8, 9).
14. Interdependência: função entre duas constantes (8, 12).
15. Determinação: função entre uma constante e uma variável (8, 12, 13).
16. Constelação: função entre duas variáveis (8, 13).
17. Coesão: função da qual pelo menos um dos funtivos é uma constante (8, 9, 12).

138 PROLEGÔMENOS A UMA TEORIA DA LINGUAGEM

18. Reciprocidade: função que contém apenas constantes ou variáveis (8, 12, 13).
19. Dedução: análise continuada ou complexo de análise com determinação entre as análises que dele participam (1, 5, 15).
20. Procedimento: classe de operações com determinação mútua (2, 6, 15).
21. Derivados: componentes e componentes-de-componentes de uma classe no interior de uma única e mesma dedução (2, 3, 19).
22. Incluir: diz-se de uma classe que ela *inclui* seus derivados (2, 21).
23. Entrar em: diz-se dos derivados que eles *entram em* suas classes (2, 21).
24. Grau: referência ao número de classes através das quais os derivados são dependentes de sua classe comum mais baixa. (Se este número é 0, diz-se que os derivados são de 1º grau; se é 1, diz-se que os derivados são de 2º grau; e assim por diante) (2, 21).
25. Indução: síntese continuada com determinação entre as sínteses que dela participam (7, 15, 23).
26. Correlação: função ou...ou (8).
27. Relação: função e...e (8).
28. Sistema: hierarquia correlacional (4, 26).
29. Processo: hierarquia relacional (4, 27).
30. Articulação: análise de um sistema (1, 28).
31. Divisão: análise de um processo (1, 29).
32. Universalidade: uma operação com um determinado resultado é chamada de *universal*, e suas resultantes *universais*, se se afirma que a operação pode ser realizada sobre um objeto qualquer (6).
33. Particularidade: uma operação com um determinado resultado é chamada de *particular*, e suas resultantes *particulares*, se se afirma que a operação pode ser realizada sobre um determinado objeto, mas não sobre um outro objeto qualquer (6).
34. Realização: diz-se de uma classe que ela está *realizada* se puder ser tomada como objeto de uma análise particular (1, 2, 33).
35. Virtualidade: diz-se que uma classe é *virtual* se ela não pode ser tomada como objeto de uma análise particular (1, 2, 33).
36. Complementaridade: interdependência entre termos num sistema (14, 28).
37. Solidariedade: interdependência entre termos num processo (14, 29).
38. Especificação: determinação entre termos num sistema (15, 28).
39. Seleção: determinação entre termos num processo (15, 29).
40. Autonomia: constelação no interior de um sistema (16, 28).
41. Combinação: constelação no interior de um processo (16, 29).
42. Definição: divisão do conteúdo de um signo ou da expressão de um signo (31).
43. Série: dos derivados de um mesmo grau pertencentes a um único e mesmo processo ou a um único e mesmo sistema diz-se que constituem uma *série* (21, 24, 28, 29).
44. Mutação: função existente entre derivados de primeiro grau de uma única e mesma classe; função que tem uma relação com uma função entre outros derivados de primeiro grau de uma única e mesma classe e que pertence à mesma série (2, 8, 21, 24, 27, 43).
45. Soma: classe que tem uma função com uma ou mais outras classes no interior de uma mesma série (2, 28, 43).

DEFINIÇÕES

46. Estabelecimento: relação que existe entre uma soma e uma função que dela participa. Diz-se da função que ela *estabelece* a soma, e que a soma é *estabelecida* pela função (8, 23, 27, 45).

47. Aplicação: dado um funtivo que está presente em certas condições e ausente em outras, nas condições em que o funtivo está presente diz-se que há *aplicação* do funtivo, e nestas condições diz-se que o funtivo se *aplica* (9).

48. Suspensão: dado um funtivo que está presente em certas condições e ausente em determinadas outras condições, nas condições em que o funtivo está ausente diz-se que há *suspensão* do funtivo, e nestas condições diz-se que o funtivo está suspenso (9).

49. Superposição: mutação suspensa entre dois funtivos (9, 44, 48).

50. Manifestação: seleção entre hierarquias e entre derivados de diferentes hierarquias (4, 21, 39).

51. Forma: a constância numa manifestação (12, 50).

52. Substância: a variável numa manifestação (13, 50).

53. Semiótica: hierarquia da qual um componente qualquer admite uma análise ulterior em classes definidas por relação mútua, de tal modo que não importa qual dessas classes admite uma análise em derivados definidos por mutação mútua (1, 2, 3, 4, 21, 27, 44).

54. Paradigma: classe no interior de um sistema semiótico (2, 28, 53).

55. Cadeia: classe no interior de um processo semiótico (2, 29, 53).

56. Membro: componente de um paradigma (3, 54).

57. Parte: componente de uma cadeia (3, 55).

58. Esquema semiótico: forma que é uma semiótica (51, 53).

59. Comutação: mutação entre os membros de um paradigma (44, 54, 56).

60. Permutação: mutação entre as partes de uma cadeia (44, 55, 57).

61. Palavras: signos mínimos permutáveis (60).

62. Substituição: ausência de mutação entre os membros de um paradigma (44, 54, 56).

63. Invariantes: correlatos com comutação mútua (26, 59).

64. Variantes: correlatos com substituição mútua (26, 62).

65. Glossemas: formas mínimas que a teoria nos leva a estabelecer como bases de explicação, as invariantes irredutíveis (63).

66. Uso semiótico: substância que manifesta um esquema semiótico (50, 52, 58).

67. Paradigmática: sistema semiótico (28, 53).

68. Sintagmática: processo semiótico (29, 53).

69. Sentido: classe de variáveis que manifesta mais de uma cadeia no interior de mais de uma sintagmática, e/ou mais de um paradigma no interior de mais de uma paradigmática (2, 13, 50, 54, 55, 67, 68).

70. Variações: variantes combinadas (41, 64).

71. Variedades: variantes solidárias (37, 64).

72. Indivíduo: variação que não pode ser ulteriormente articulada em variações (30, 70).

73. Localizada (variedade): variedade que não pode ser ulteriormente articulada em variedades (30, 71).

74. Unidade: soma sintagmática (45, 68).

140 PROLEGÔMENOS A UMA TEORIA DA LINGUAGEM

75. Categoria: paradigma que tem uma correlação com um ou vários outros paradigmas no interior da mesma série (26, 43, 54).
76. Categoria funcional: categoria dos funtivos registrados numa única análise com uma determinada função tomada como base de análise (1, 8, 9, 75).
77. Categoria de funtivos: categoria que é registrada pela articulação de uma categoria funcional segundo as possibilidades dos funtivos (9, 30, 75, 76).
78. Sincretismo: categoria estabelecida por uma superposição (46, 49, 75).
79. Dominância: solidariedade entre, de um lado, uma variante e, do outro, uma superposição (37, 49, 64).
80. Obrigatória (dominância): dominância na qual a dominante com respeito ao sincretismo é uma variedade (71, 78, 79).
81. Opcional (dominância): dominância na qual a dominante com respeito ao sincretismo é uma variação (70, 78, 79).
82. Facultatividade: superposição com zero na qual a dominância é opcional (49, 79, 81).
83. Fusão: manifestação de um sincretismo que, do ponto de vista da hierarquia da substância, é idêntica à manifestação de todos ou de nenhum dos funtivos que entram no sincretismo (4, 9, 23, 50, 52, 78).
84. Implicação: manifestação de um sincretismo que, do ponto de vista da hierarquia da substância, é idêntica à manifestação de um ou vários funtivos que entram no sincretismo, mas não a todos (4, 9, 23, 50, 52, 78).
85. Resolução: *resolver* um sincretismo significa introduzir a variedade do sincretismo que não contrai a superposição que estabelece o sincretismo (10, 46, 49, 71, 78).
86. Conceito: sincretismo entre objetos (78).
87. Latência: superposição com zero na qual a dominância é obrigatória (49, 79, 80).
88. Catálise: registro de coesões através do câmbio de uma grandeza por outra com respeito à qual há uma substituição (11, 17, 62).
89. Língua: paradigmática cujos paradigmas são manifestados por todos os sentidos (50, 54, 67, 69).
90. Texto: sintagmática cujas cadeias, se forem ampliadas indefinidamente, são manifestadas por todos os sentidos (50, 55, 68, 69).
91. Esquema lingüístico: forma que é uma língua (51, 89).
92. Uso lingüístico: substância que manifesta um esquema lingüístico (50, 52, 91).
93. Elemento: membro de uma categoria de funtivos (56, 77).
94. Taxema: elemento virtual isolado na fase da análise em que se emprega a seleção pela última vez como base de análise (1, 35, 39, 93).
95. Conetivo: funtivo que em certas condições é solidário de unidades complexas de um determinado grau (9, 24, 37, 74).
96. Conformidade: diz-se que dois funtivos são conformes se não importa qual derivado particular de um dos funtivos contrai sem exceção as mesmas funções que um derivado particular do outro funtivo, e vice-versa (8, 9, 10, 21, 33).
97. Sistemas de símbolos: estruturas às quais se pode atrbiuir um sentido de conteúdo, mas nas quais o princípio de simplicidade não permite introduzir por catálise uma forma de conteúdo (51, 69, 88).
98. Semiótica denotativa: semiótica da qual nenhum dos planos é uma semiótica (53).

DEFINIÇÕES

99. Indicadores: partes que entram em funtivos de modo que as funções tenham uma substituição mútua quando essas partes são deduzidas (9, 23, 57, 62).

100. Sinal: indicador que sempre se pode univocamente colocar num plano distinto da semiótica (53, 99).

101. Conotador: indicador que se encontra, sob certas condições, nos dois planos da semiótica (53, 99).

102. Semiótica científica: semiótica que é uma operação (6, 53).

103. Semiótica conotativa: semiótica não-científica da qual um (ou vários) planos é(são) uma semiótica(s) (53, 102).

104. Metassemiótica: semiótica científica da qual um (ou vários) dos planos é(são) uma semiótica(s) (53, 102).

105. Semiótica-objeto: semiótica que entra como plano numa semiótica (53).

106. Meta-(semiótica científica): metassemiótica com uma semiótica científica como semiótica-objeto (102, 104, 105).

107. Semiologia: metassemiótica com uma semiótica não-científica como semiótica-objeto (102, 104, 105).

108. Metassemiologia: meta-(semiótica científica) da qual as semióticas-objeto são semiologias (105, 106, 107).

Índice Geral

abreviação, 99.
ablaut, 43.
adequação, 16, 17, 21, 27, 104.
adjetivo, 29, 30n.
alfabeto, 48, 70, 71, 111.
alternância, 42, 43.
análise (Def. 1), 14, 27-37, 63, 103-107.
antropologia, 81.
aposiopose, 99, 100.
aplicabilidade, 16, 22.
aplicação (Def. 47), 93.
arbitrário, 16, 17, 21, 104.
arte, 8, 114, 118.
articulação (Def. 30), 34.
atualizado, 96.
ausência (Ver suspensão).
autonomia (Def. 40), 30, 41, 45.
axiomas, 6, 16, 17, 26.
Baudouin de Courtenay, J., 98n., 112n.
Bjerrum, A., 82n.
Bloomfield, L., 4n., 72n., 82n., 116n., 129n.
Bogatyrev, P., 114n.
Bühler, K., 4n.
Buyssens, E., 114n., 120n.
cadeia (Def. 55), 34-36, 39, 42.
cálculo, 17, 21, 27, 91, 113, 132.
Carnap, P., 114n., 116.
caso, 30-32.
catálise (Def. 88), 99-101, 129, 131, 132.
categoria de funtivos (Def. 77), 90.

categoria funcional (Def. 76), 90.
ciência, 88, 104, 105, 109, 126n., 131.
Círculo de Praga, 67-69.
classe (Def. 2), 34, 35-37, 44.
código, 122, 123 e n.
coexistência, 41-45.
coesão (Def. 17), 41, 45, 60, 87, 131.
combinação (Def. 41), 30-32, 41, 45.
comparação, 31/32.
complementaridade (Def. 36), 30, 41, 45.
complexo de análises (Def. 5), 35.
componentes (Def. 3), 34-37.
comutação (Def. 59), 75-77, 116.
conceito (Def. 86), 80, 97.
conclusão lógica, 36, 96, 97.
condição, 40.
conetivo (Def. 95), 74, 75.
conexão (Ver relação).
conformidade (Def. 96), 117.
conjunção, 41-43, 75.
conotador (Def. 101), 123-125.
consoante, 29, 30n., 32, 67, 68, 76.
constante (Def. 12), 40, 41.
constelação (Def. 16), 29, 41, 45, 87.
conteúdo, 53-64, 68-71, 76, 77, 86, 112, 126.
contrair (Def. 10), 39.

144 PROLEGÔMENOS A UMA TEORIA DA LINGUAGEM

correlação (ou equivalência) (Def. 26), 43, 44, 45, 69, 70, 132.
dedução (Def. 19), 14, 35, 36, 67.
defectividades, 94n.
definições formais, 25, 26, 40, 94.
definições operacionais, 25, 26.
definições "realistas", 25, 40, 66, 94.
dependência, 27-34, 39.
derivados (Def. 21), 36, 37.
Descartes, 23.
descrição, 34, 35.
descrição exaustiva, 14, 19, 21, 24, 32, 34-36, 48, 49, 55, 90, 100, 104, 117.
desinência flexional, 44, 45.
disjunção, 41-43.
determinação (Def. 15), 29, 30, 35, 41, 44, 45.
divisão (Def. 31), 34, 35.
dominância (Def. 79), 94, 95.
economia, 65.
elemento (Def. 93), 66, 90.
elo (Ver parte).
empirismo, 11, 13, 21, 55.
entrar em (Def. 23), 37.
epistemologia, 4, 11-16, 36, 82, 109, 129.
equivalência (Ver correlação).
especificação (Def. 38), 25, 35, 41, 45, 86, 87.
esquema, 79-88, 112, 113, 123, 125, 129, 131-133.
esquema lingüístico (Def. 91), 112, 113.
esquema semiótico (Def. 58), 113.
estilo, 122-124, 130, 131
estilo administrativo, 123
estilo de gênero, 123n.
estilo literário, 123.
estilo oratório, 123.
estilo predicatório, 123.
estilo de valor, 122-124.
estabelecimento (Def. 46), 89.
estrutura, 4, 22, 76, 79.
etnologia, 130.
expressão, 51, 53-64, 77, 85, 86, 112, 125, 126.
expressão de um signo, 49.
face da expressão, 63.
face do conteúdo, 63.
facultatividade (Def. 82), 94-95, 97.
fenomenalismo, 129.
fenomenologia, 81.

figura, 47-52, 59, 63, 69, 70, 73, 74, 103, 119, 128.
filologia, 3, 4, 9.
filosofia da linguagem, 4, 11.
fonema, 13, 48, 51, 59, 66-68, 71, 105.
fonética, 63, 68, 80, 82, 103, 130.
fonologia, 67, 69.
fonométrica, 87.
física, 81, 150.
fisicalismo, 129.
fisionomia, 122-125, 130, 131.
forma (Def.), 22, 55, 59-61, 76 79-83, 104, 109-111, 113, 114, 128, 129.
forma da análise, 33-37.
forma da expressão, 60, 62, 69, 116.
forma do conteúdo, 57, 59, 61, 62, 69, 116, 117.
forma estilística, 122-124.
função (Def. 8), 39-45, 83, 89-91.
função, ter uma, 40.
função bilateral, 41, 95.
função distintiva, 67-69, 75.
função e... e, 41-43.
função multilateral, 41, 95.
função ou... ou, 41, 43.
função semiótica, 53-55, 57, 59, 61, 62, 69, 125.
funtivo (Def. 9), 39, 84, 129.
fusão (Def. 83), 95.
gênero de estilo, 122-124.
gênero literário, 105.
generalização, 72, 73, 100.
gíria, 123.
glossemas (Def. 65), 82, 106, 128.
glossemática, 82, 129.
grandeza (Def. 11), 39, 89, 90, 103-107.
grau (Def. 24), 37.
hierarquia (Def. 4), 34, 36, 43, 129.
Hilbert, D., 116.
hipótese, 15, 16.
história, 8, 114.
Holt, J., 106n.
homogeneidade, 33, 34.
humanismo, 7-9, 131-133.
ideal, 96.
identidade lingüística, 66, 67.
idioma, 122.
imanência, 2, 23, 114, 132, 133.
implicação (Def. 84), 95, 96.
implicação unilateral, 95.
incluir (Def. 22), 37.

INDICE GERAL

indicadores (Def. 99), 124.
indivíduo (Def. 72), 86, 128.
indução (Def. 25), 13, 14, 35, 36, 67.
interdependência (Def. 14), 29, 41, 45.
invariantes (Def. 63), 65-77, 104, 128.
Jespersen, O., 59.
jogos, 114, 116, 117, 119.
Jones, D., 67, 68.
Jørgensen, J., 5, 96n., 115n., 116n., 126n.
Kaila, Eino, 116n.
Kurylowicz, J., 82n.
latência (Def. 87), 97, 101.
lexicografia, 63.
língua (Def. 89), 23, 24, 34n., 44, 45, 51, 52, 59, 60, 62, 81, 109-119.
língua nacional, 122-124, 130.
língua "natural", 24, 109, 113, 131.
língua regional, 122, 124, 130.
linguagem (Def. 89), 19-22, 25, 44, 51, 52, 63, 81, 109-119.
linguagem familiar, 123.
linguagem "natural", 109, 110.
linguagem regional, 122.
linha do conteúdo, 63, 73, 105.
linha da expressão 63, 73, 105.
literatura, 8, 105, 110, 114.
lógica, 36, 42, 43, 95, 96, 104, 105, 110, 113-118.
logologia, 31.
manifestação (Def. 50), 83, 113.
Martinet, A., 97n.
matemática, 115, 116, 118.
membro (Def. 56), 34, 36.
metalinguagem, 126.
metalógica, 116.
metamatemática, 116.
metassemiologia (Def. 108), 126-130, 132.
metassemiótica (Def. 104), 121-130, 132.
meta-(semiótica científica) (Def. 106), 126.
morfema, 30-32, 58, 59.
morfologia, 31, 63, 75.
movimento, 122, 124.
mudança fonética, 112.
mudança formal, 112.
mudança semântica, 112.
Mukarovsky, J., 114n.
música, 115, 118.
mutação (Def. 44), 76.
necessidade, 40, 41.
Neurath, O., 116n., 129n.

neutralização, 93-97.
nominalismo, 117.
número, 32, 58.
objeto, 34.
objetivo da teoria, 19-22, 132, 133.
obrigatória (dominância) (Def. 80), 94.
ontologia, 80-81.
opcional (dominância) (Def. 81), 94, 95.
operação (Def. 6), 35, 44, 126.
palavra (Def. 61), 34, 49, 50, 76.
paradigma (Def. 54), 34, 36, 42, 57, 59, 67, 89.
paradigmática (Def. 67), 44, 89, 106.
parte (Def. 57), 33, 34, 36, 37.
parte central da sílaba, 32-34, 48.
parte marginal das sílabas, 32, 34, 48.
partes do discurso, 43, 107.
particularidade (Def. 33), 44, 85, 128.
pensamento, 54-57.
Penttilä, A., 66n., 112n.
permutação (Def. 60), 76.
perspectivas da teoria, 23, 24, 105, 131-133.
plano do conteúdo, 63, 64, 69-71, 73, 81, 105, 107, 128.
plano da expressão, 63, 64, 66, 69-71, 73, 81, 105, 107, 128.
presença, 40, 41.
princípio da análise, 27-32.
princípio de descrição exaustiva, 104.
princípio de economia, 65.
princípio de empirismo, 11, 21, 22, 27, 36, 48, 65, 70, 90, 94, 107, 110.
princípio de generalização, 72, 73, 100, 101.
princípio de redução, 65, 66, 71.
princípio de simplicidade, 21, 65, 94, 105/106, 117, 127, 130.
procedimento (Def. 20), 35.
processo (Def. 29), 8, 20, 29-31, 34, 41-45, 60, 110.
progressão (Cf. processo).
proposição, 33, 34.
proposição "principal", 32, 33, 75.
proposição "subordinada", 31, 33, 75.
prova de comutação, 76, 77, 118, 128.
prova de derivado, 117, 118.

146 PROLEGÔMENOS A UMA TEORIA DA LINGUAGEM

prova de troca, 70, 73.
psicologia, 104, 130.
radical, 31, 49.
Rasmussen, E. Tranekjaer, 6.
realidade, 7, 15-17, 132.
realismo, 15-17, 22, 28, 45, 117.
realização (Def. 34), 44, 45, 85.
recção, 31
reciprocidade (Def. 18), 41, 45, 105.
redução, 65-67, 70-72.
relação (ou conexão) (Def. 27), 43, 45, 69, 132.
relacionamento (Ver dependência).
resolução (Def. 85), 96, 97.
Ross, A., 129n.
Russell, B., 66n., 97, 111n.
Saarnio, U., 66n., 112n., 117n.
Saussure, F. de, 5, 28, 29, 53, 55, 59, 63, 66n., 76, 79-82, 110, 112n., 113, 114, 116, 118n. 126, :28-130.
Sechehaye, A., 82n.
seleção (Def. 39), 30-32, 35, 41, 45, 54, 105.
semântica, 63, 82, 103.
semiologia (Def. 107), 114, 126-130.
semiótica (Def. 53), 34n., 43, 44, 113, 115-118, 126, 127, 130, 132.
semiótica científica (Def. 102), 123n., 126.
semiótica conotativa (Def. 103), 121-130, 132.
semiótica denotativa (Def. 98), 121, 130.
semiótica não-científica, 126.
semiótica-objeto (Def. 105), 126, 129.
sentido (Def. 69), 56-62, 76, 79-81, 83, 109, 115, 129.
sentido conotativo, 131.
sentido da expressão, 60, 61, 79, 81.
sentido do conteúdo, 61, 79, 81, 117, 125, 130.
série (Def. 43), 76.
signo, 2, 47-52, 54, 61, 62, 69-71, 72, 116, 117.
significação, 13, 40, 49-51, 55, 86.
sílaba, 32, 34, 36, 37, 39, 51.
símbolo, 118, 119, 123n., 125.
símbolos glossemáticos, 45n.
simplicidade, 48, 65, 70, 86.
sinal (Def. 100), 75, 124, 128.
sincretismo (Def. 78), 93-97, 100, 101, 128, 129.

sincretização, 94n.
sintagmática (Def. 68), 44, 89, 106.
sintaxe, 31, 63, 75, 87, 107.
síntese (Def. 7), 35.
sistema (Def. 28), 7, 8, 20, 29-31, 34, 41, 42, 44, 45, 57, 60, 61, 110, 131, 132.
sistema de signos, 49-52, 62, 110, 114, 115.
sistema de símbolos (Def. 97), 118, 126n.
sociologia, 130.
solidariedade (Def. 37), 29-31, 41, 45, 54, 106.
som, 54, 55, 81, 130.
soma (Def. 45), 89, 90.
sonora, 32, 95.
substância (Def. 52), 28, 29, 55, 57, 59, 79-83, 103, 104, 109-113, 128-129.
substância da expressão, 55, 60-62.
substância do conteúdo, 55, 57, 61, 62.
substantivo, 29, 30n.
substituição (Def. 62), 76, 100, 101.
sufixo de derviação, 31, 33/34, 49, 50.
superposição (Def. 49), 93-95.
suspensão (Def. 48), 93.
Tarski, A., 115n.
taxema (Def. 94), 105, 106.
tema, 33.
tempo, 58, 59.
teorema, 16, 26.
teoria, 15, 16, 30.
termo, 33, 39, 83, 85.
terminologia, 123n., 127.
texto (Def. 90), 13, 19-21, 33-35, 41, 42, 44, 45, 115.
tipologia das línguas, 132.
Togeby, K., 82n.
Trager, G. L., 72n., 82n.
transcendência, 2, 23, 123, 132/133.
transmissão, regra de, 47, 50.
Trubetzkoy, N. S., 67 e n.
Uldall, H. J., 5, 82n., 112n.
Umlaut, 43.
unidade (Def. 74), 89, 103, 106, 107.
universalidade (Def. 32), 44, 85.
uso, 79-83, 112, 117, 123, 125.
uso lingüístico (Def. 92), 113.
uso semiótico (Def. 66), 113.

ÍNDICE GERAL

Vachek, J., 112n.
valor, 116.
variante (Def. 64), 65-78, 85-87, 128-130.
variantes "condicionadas", 85, 86.
variantes "combinatórias", 85.
variantes "ligadas", 85.
variantes "livres", 85.
variação (Def. 70), 85-87, 128.
variação localizada, 128.
variável (Def. 13), 40, 41.
variedade (Def. 71), 85-87, 124.

variedade localizada (Def. 73), 86.
varifone, 68.
vernáculo, 122, 124.
virtualidade (Def. 35), 44, 85.
Vogal, 29, 30n., 32, 60, 67, 68, 76.
vogal de ligação, 74, 75.
Vogt, H., 82n.
Weisgerber, L., 53.
Wiwel, H. G., 77n.
Wright, G. H., von, 116n.
Zwirner, E., 88, 111.
Zwirner, K., 111.

Este livro foi impresso na cidade de Cotia,
nas oficinas da Meta Brasil,
para a Editora Perspectiva.